Joel Karsten

# Genial Gärtnern
## mit Strohballen

Die innovative Methode,
Gemüse anzubauen, wann
und wo man will – und das
ganz ohne Unkraut jäten

Gewidmet meiner

Oma Josephine

## Oma Josephines Garten

Wenn Oma Josephine jemals Visitenkarten gehabt hätte, dann hätte „Garten-Profi" darauf gestanden. Der Garten war ihr Fachgebiet, und keiner im ganzen Landkreis wusste mehr darüber als sie. Als Oma Josephine hörte, dass ich nach der Schule an der Universität von Minnesota Gartenbau studieren wollte, soll sie verständnislos gesagt haben: „Das kann der Junge doch auch alles bei mir lernen! Dann müsste er weder Studiengebühren bezahlen noch die Farm verlassen." Und in der Tat, rückblickend war sie die beste Dozentin, die ich je haben sollte. Ihren eigenen Garten hatte sie mit 16 Jahren selbst angelegt, und sie hat sich immer darum gekümmert, bis sie mit 93 starb. Sie machte alles selbst, bis sie nicht mehr zu den Beeten hinunter kam. Wobei das Problem, wie sie es ausdrückte, weniger das Runterkommen, sondern eher das Wiederaufstehen war. Erst nahm mein Vater ihr die schweren Arbeiten ab, und schließlich wurde ich ihr täglicher Gehilfe.

Sie liebte es, im Garten zu arbeiten, und sie liebte ihren Garten. Den Winter verbrachte sie damit, für den Frühling zu planen, und jeden Pflanzenkatalog von der ersten bis zur letzten Seite zu studieren. Oma Josephine hatte beim Gärtnern ihren eigenen Kopf, und sie hielt sich nicht immer an Konventionen. Wer weiß, vielleicht war sie es, die mich zur Strohballen-Gärtnerei inspirierte. Durch ihren Einfluss bekam ich den Mut, Neues auszuprobieren und meinen Eingebungen zu folgen. Leider war sie schon nicht mehr unter uns, als die ersten Strohballen-Gärten entstanden. Aber ich frage mich oft, was sie wohl dazu gesagt hätte, dass den ganzen Sommer über Tag für Tag Menschen auf der Farm vorbeikommen, um einen Blick auf den Garten zu erhaschen und zu sehen, ob man auf diesen Strohballen tatsächlich Gemüse züchten kann. Ich bin nicht ganz sicher, ob sie sich aufgeregt oder gefreut hätte. Aber ich bedaure es zutiefst, dass ich ihr nicht mehr zeigen konnte, wie einfach Gärtnern auf meine Art geht. Das hätte ihr gefallen. Eine ihrer Maximen lautete nämlich: „Gartenarbeit mit Köpfchen!", und ihre Gärten waren das beste Beispiel für diesen Grundsatz. „Kümmere Dich nicht um das Unkraut, konzentriere Dich lieber auf die Blumen!" war ein weiterer Leitsatz, der für den Garten zutrifft, aber auch für das Leben im Allgemeinen nicht falsch ist.

Viele weitere Informationen unter

# www.strohballengarten.de

Herausgegeben 2013 von Cool Springs Press, eine Marke der

Quaside Publishing Group, 400 First Avenue North, Suite 300, Minneapolis, MN 55401

Originaltitel „Straw Bale Gardens"

© 2013 by Cool Springs Press and Joel Karsten

© Deutsche Ausgabe LV·Buch im Landwirtschaftsverlag GmbH, 48084 Münster, 2014

Übersetzung:     Johanna Hofer von Lobenstein, Berlin, www.textfreifrau.de

Fotos:     Tracy Walsh
außer Contech Enterprises: Seite 94
iStock: Seiten 103, 106, 127 (links)
Paul Markert: Seite 27
Philadelphia Inquirer: Seite 26
Shutterstock: Seiten 18, 19, 20 (oben), 21 (rechts), 22, 92, 93, 106, 116, 126, 127, 131, 134, 138
Lynn Steiner: Seiten 99 (unten), 121 (rechts), 123, 123, 125, 129 (beide), 130 (beide), 134 (links), 135

Gestaltung:     Pauline Molinari

Titelgestaltung:  Karla Breilmann

Lektorat:     Mark Johanson

Illustrationen:  Pam Powell

ISBN 978-3-7843-5288-6

# Inhalt

# Einleitung

STROHBALLEN-GÄRTNEREI – zugegeben, es klingt zunächst merkwürdig. „Wachsen die Pflanzen wirklich im Strohballen?" lautet die Standardfrage, die mir die meisten Menschen stellen, wenn sie zum ersten Mal davon hören. Es scheint, als seien wir so sehr daran gewöhnt, dass Pflanzen nun mal in der Erde zu wachsen haben, dass es uns schwer fällt, uns einen erdelosen Garten vorzustellen. Aber die Antwort lautet – ja, man pflanzt wirklich direkt ins Stroh. Etwas Wasser, Dünger und Sonnenschein dazu (nicht unbedingt in dieser Reihenfolge), und der Garten trägt die schönsten und gesündesten Früchte, die man sich nur wünschen kann. Kein Auflockern, kein Harken, kein Unkraut. Die Methode funktioniert tatsächlich, und sie begeistert immer mehr Menschen. Mittlerweile gibt es fast 100.000 Strohballen-Gärtner auf der Welt, wenn man die Besucher meiner Seminare, Käufer meiner Broschüren und „Liker" meiner Facebook-Seite zusammenzählt.

Wenn Sie sich viel mit Gartenbau beschäftigen, wissen Sie, dass es gerade zwei besonders populäre Trends gibt: Gemüse züchten (im Zuge der „Urban Gardening"-Bewegung in den Städten), und den Anbau im Pflanzgefäß. Die Strohballen-Gärtnerei kombiniert diese beiden Trends, indem wir Gemüse (und natürlich auch Blumen) im natürlichsten Pflanzkübel der Welt anbauen. Die Ballen sind nämlich Blumentopf und Nährboden in einem. Wenn das Stroh im Inneren der Ballen beginnt, sich zu zersetzen, produziert es dabei genügend Nährstoffe für die ganze Saison. Im Herbst gibt man die Reste einfach auf den Kompost und beginnt im Frühjahr wieder mit frischen Strohballen. Es ist ein ganz natürlicher Kreislauf, der Keller und Speisekammer mit herrlichem, selbst gezüchtetem Gemüse füllt.

*Gegenüber:* Da die Strohballen bei der Zersetzung Hitze erzeugen, hat der Strohballen-Garten beim Pflanzen die Nase vorn und kann schon Wochen vor den herkömmlichen Gärten reife Tomaten produzieren.

## Ein bisschen Geschichte

Die Strohballen-Gärtnerei kam eher zufällig zustande. Jedes Kind, das wie ich auf einer Farm groß geworden ist, kann Ihnen bestätigen: Strohballen sind buchstäblich überall, besonders, wenn auch noch Viehzucht im Spiel ist. Das Stroh wird hauptsächlich als Streu für die Tiere verwendet. Es ist ein wertvolles Gut, und es kann im Leben eines Farmjungen im Sommer viel Raum einnehmen. Ballen stapeln, Ballen stapeln, und nochmals Ballen stapeln – es hört gar nicht mehr auf. Wenn man alt genug ist, die Ballen hochzuheben, und geschickt genug, sie so zu stapeln, dass es kein Unglück gibt, geht es los. Und wenn man sie zum ersten Mal alleine stapeln darf, ist es ein geradezu ritueller Moment. Wenn der Stapel es dann noch bis zur Scheune schafft, ohne dass Ballen herunter purzeln, ist man dem Ziel, Farmer zu werden, einen entscheidenden Schritt näher gekommen.

Wenn das Stroh getrocknet, zu Ballen gepresst und gestapelt ist, muss es schnell trocken gelagert werden. Feuchtes Stroh ist für die Viehhaltung wertlos, da es nie wieder richtig trocken wird. Wenn also ein abtrünniger Ballen unbemerkt vom Stapel kullert und in den Regen gerät, kann man ihn zu nichts mehr gebrauchen. Im Laufe von ein paar Wochen werden diese Ballen grau, und ein paar einzelne Triebe von den Disteln, deren Samen vom Wind ausgesät wurden, sprießen hervor. Die Disteln fangen an zu blühen und gehören bald zu den größten und gesündesten Pflanzen auf der ganzen Farm. Diesen Prozess habe ich viele Jahre lang immer wieder beobachtet, und auf einmal hatte ich dann die Idee, und der erste Samen für die Strohballen-Gärtnerei war gepflanzt.

## Kein Garten im Studentenwohnheim

Während meiner Studienzeit an der Universität von Minnesota kam es mir oft so vor, als sei ich für vier Jahre in die Ferien gefahren: Kein Vieh füttern, keine Hausarbeit, kein Holz hacken und stapeln - und keine Gartenarbeit. Aber nach vier Jahren Studentenheim und Wohngemeinschaft begann ich den Garten immer mehr zu vermissen. Ich betrieb zwar nebenbei etwas Landschaftsgärtnerei für meine Professoren, aber es war einfach nicht das Gleiche wie der Garten. Mir fehlte das frische Gemüse, mit dem ich aufgewachsen war.

Als ich mein erstes Haus gekauft hatte und feststellen musste, dass es auf schwerer Tonerde und aufgeschüttetem Bauschutt stand, war ich bitter enttäuscht. Ich hatte damals nicht die Mittel, gute Erde aufschütten zu lassen, und hätte den Traum vom eigenen Gemüsegarten schon fast wieder aufgegeben. Doch dann fielen mir plötzlich die Strohballen mit den Distelpflanzen ein, die größer waren als ich, und ich beschloss, ein paar Versuche zu machen.

Der Autor als hart arbeitender Junge auf der Farm, der davon träumt, alles anders zu machen.

8

## Klein anfangen und groß werden lassen

Ich stellte einigen meiner früheren Dozenten meine „neue" Idee vor: in Zersetzung befindliche Strohballen als Pflanzmedium für den Gemüseanbau. Sie waren wenig beeindruckt. Enttäuscht rief ich meinen Vater an und fragte ihn, was er von der Idee hielt, und er sagte: „Lass es uns doch einfach versuchen – mehr als schief gehen kann es nicht!" Am nächsten Wochenende fuhr ich zu unserer Farm hinaus. Mein Vater hatte ein ganzes Lagerregal voll wunderschöner Strohballen für mich organisiert. Ich wollte erst klein anfangen, vielleicht mit ein paar Ballen, aber er bestand darauf, dass das wenig bringen würde. Er empfahl mir, mehrere unterschiedliche Methoden auszuprobieren. Wir legten ungefähr 50 Strohballen aus und fingen an.

## Ein kleiner Strohballen-Garten für die Menschheit – ein Riesen Sprung für die Gärtnerei

Und es funktionierte! Die Pflanzen, die aus den Strohballen hervorsprossen, wuchsen genau wie die Disteln von früher. Wir lernten eine Menge über diese besondere Art des Anbaus in diesem ersten Jahr, und wir lernen jedes Jahr weiter dazu. Ich dokumentierte alles und hatte am Ende etwa 25 Seiten detailliertes Wissen über Strohballen-Gärtnerei angesammelt.

Seit dieser Zeit hat es immer wieder neue Fragen gegeben, und mein Notizbuch ist immer dicker geworden. Es enthält all die Jahre, in denen wir die Methode perfektioniert haben und all das Wissen, das ich mir angeeignet habe, seit ich weiß, dass es funktioniert. Ich kann gar nicht mehr zählen, wie viele Menschen schon zu mir gesagt haben, dass sie die Anzahl ihrer Strohballen im kommenden Jahr verdoppeln oder verdreifachen möchten, weil sie beim ersten Versuch schon so erfolgreich waren. Ich finde es sehr bereichernd, zu sehen, wie viele Menschen mit meiner Methode Erfolg haben. Und ich bin dankbar, an ihrer Freude über ihr selbstgezüchtetes Gemüse teilzuhaben, ebenso wie an ihrer Begeisterung darüber, wie viel weniger Arbeit sie heute im Vergleich zum konventionellen Gärtnern von früher haben.

Ich sage nicht, dass jeder, der diese Methode ausprobieren möchte, gleich 50 Ballen bepflanzen sollte. Es ist sicher besser, erst einmal klein anzufangen und auszuprobieren, wie viel Gemüse man überhaupt verarbeiten kann. Denn wenn man sich an die Anleitungen in diesem Buch hält, kann man auf jeden Fall davon ausgehen, Erfolg zu haben. Allerdings kann man auch davon ausgehen, den Nachbarn Rede und Antwort stehen zu müssen, denn die werden jede Menge Fragen haben.

Meine Schwester Laura und Oma Josephine beim Hühnerfüttern auf unserer Farm. Und im Vordergrund sehen Sie ein bisschen echtes Stroh aus Minnesota.

# Strohballen-Gärtnerei und traditioneller Gartenbau im Vergleich

| MERKMALE | STROH-BALLEN-GARTEN | HERKÖMM-LICHER GARTEN MIT ERDE | PFLANZ-GEFÄSS/ HOCHBEET MIT SUBSTRAT |
|---|---|---|---|
| 75% weniger Arbeit | ja | nein | ja (nur im ersten Jahr) |
| Erhöhte Pflanzoberfläche, einfaches Pflanzen | ja | nein | ja |
| Unkraut jäten entfällt | ja | nein | ja (nur im ersten Jahr) |
| Sehr geringe Einstiegskosten | ja | ja | nein |
| Ertrag über die Saison hinaus | ja | nein | nein |
| Höhere Keimungsrate | ja | nein | nein |
| Berechenbarer Ertrag | ja | nein | ja (nur im ersten Jahr) |
| Überwässern unmöglich | ja | nein | nein |
| Speichert Feuchtigkeit gut | ja | nein | nein |
| Produziert jährlich neues Pflanzmedium | ja | nein | nein |
| Standort einfach zu verändern | ja | nein | nein |
| Automatische tägliche Bewässerung möglich | ja | nein | ja |
| Kein Pflanzwechsel erforderlich | ja | nein | nein |
| Oberflächen und Seiten bepflanzbar | ja | nein | nein |
| Produziert erstklassigen Kompost | ja | nein | nein |
| Verkleinert das Risiko von Erkrankungen | ja | nein | nein |
| Verkleinert das Risiko von Insektenbefall | ja | nein | nein |
| Verkleinert das Risiko von Wildtierschäden | ja | nein | nein |
| Kann überall angelegt werden | ja | nein | nein |
| Beugt Frostschäden vor | ja | nein | nein |
| Keine schwere Gartenarbeit wie Auflockern | ja | nein | nein |
| Kein anderes Werkzeug als eine Gartenkelle | ja | nein | nein |
| Wurzelbereich warm beim Aussäen/Pflanzen | ja | nein | nein |
| Verhindert bodenbürtige Krankheiten | ja | nein | ja (nur im ersten Jahr) |

## Eine Auswahl meiner liebsten Strohballen-Gärten

Ist moderne Technik nicht wunderbar? Noch vor einigen Jahren waren Strohballen-Gärten ziemlich selten, und Fotos davon gab es noch weniger. Inzwischen sind dank Internet und Social Media Tausende von Menschen auf die Strohballen-Gärtnerei aufmerksam geworden, und viele von ihnen haben die Methode für sich entdeckt; das weiß ich, weil sie mir Fotos schicken. Wenn Sie bereits auf meiner Website oder meiner Facebook-Seite waren, können Sie das vielleicht auch bestätigen. In den ersten paar Jahren war die Qualität dieser Fotos meist nicht besonders gut – man hätte sie hier nicht verwenden können. Aber mittlerweile habe ich, dank der besseren Digitalkameras und Handykameras der letzten Jahre, bestimmt 1000 ausgezeichnete Fotos von Strohballen-Gärten. Hier sind einige, die ich besonders interessant und inspirierend finde.

Wenn sie fertig präpariert sind, verändern sich die Ballen nicht mehr großartig. Aufgrund der zusätzlichen Wärme, die der Zersetzungsprozess der Bakterien im Inneren der Strohballen generiert, wachsen die jungen Setzlinge (hier: Gurken) sehr schnell.
*Foto mit freundlicher Genehmigung von Benita, Prince Albert, Saskatchewan*

*Links:* Ein Gemeindegarten eignet sich großartig für Strohballen-Gärtnerei. Denn normalerweise schwindet der Enthusiasmus der freiwilligen Gemeindegärtner, sobald es ans Unkraut jäten geht, was natürlich bei dieser Methode entfällt!

Wie man hier sieht, kann man Strohballen durchaus auch aufeinander stapeln. Die Stapel werden stabiler, wenn man die aufeinanderliegenden Ballen in verschiedene Richtungen dreht. So fallen sie auch später im Jahr nicht um.

*Foto mit freundlicher Genehmigung von J. J. Lawson, Illinois*

Amelia lebt in einem umgebauten Lagergebäude, wo sehr viel betoniert ist. Sie hat mit 4 Strohballen angefangen, möchte diese Größe aber bald verdreifachen.

Durch die beiden aufeinander-gelagerten Schichten entsteht ein „Pflanzregal". So werden Einpflanzen und Ernten viel einfacher, und man muss sich kaum bücken. *Foto mit freundlicher Genehmigung von J. J. Lawson, Illinois*

12

Mit dem richtigen Pflanzabstand erhöht sich der Ertrag. Wenn die früh reifenden Sorten abgeerntet sind, kann man die meisten Ballen für mindestens eine weitere Pflanzsaison pro Jahr nutzen. Manche Gemüsesorten kann man auch zweimal nacheinander anbauen, abhängig davon, in welcher Klimazone Sie leben und wie lang die Saison ist. *Foto mit freundlicher Genehmigung von Sandy, Pittsburg, KS*

Zwiebeln und andere Hackfrüchte benötigen lockeren, luftigen Boden, also genau das, was sie in den Strohballen bekommen. Im Inneren der Ballen bildet sich ständig frischer Kompost nach. Dort gibt es genügend Luftkammern, was den Wurzeln ungehindertes Wachstum ermöglicht. *Foto mit freundlicher Genehmigung von Sandy, Pittsburg, KS*

Im Frühjahr ist bald die gesamte Oberfläche der Strohballen von Ablegern bedeckt, die auch recht bald Früchte tragen. Auf den Ballen wachsen die Beeren in bequemer Pflückhöhe. Außerdem klebt keine Erde daran, sodass man schon im Garten davon naschen kann. Im Frühjahr können die Ableger dann in frische Ballen umgesetzt werden. Auf diese Weise können Erdbeerliebhaber ihre winterharte Lieblingsfrucht so lange wie möglich genießen.

*Links:* Junge Setzlinge wie diese Zwiebeln sprießen und gedeihen schnell. Es ist möglich, zwei oder mehr schnell wachsende Gemüse nacheinander in ein und demselben Ballen anzubauen. Wenn Sie gleich nach der Ernte wieder neu pflanzen, holen Sie das Maximum an Ertrag aus Ihren Strohballen heraus. *Foto mit freundlicher Genehmigung von Benita, Prince Albert, Saskatchewan*

Der Favorit aller Gemüsegärtner auf der Welt ist die Tomate. Wenn die Tomatenpflanzen heranreifen, füllen sie den gesamten Strohballen mit ihrem Wurzelnetz aus, sodass kein frisches Stroh mehr zu sehen ist, sondern etwas, das an kompostiertes Stroh erinnert. Diese schönen Roma-Tomaten sind zwei Wochen vor den gleich nebenan in der Erde gepflanzten Früchten reif. Das Wachstum wird von der Wärme beschleunigt, die durch den Zersetzungsprozess im Inneren der Strohballen entsteht.

*Rechts:* Der Strohballen-Garten kann ebenso ertragreich wie schön sein, wenn man in die Seitenflächen eine Reihe einjähriger Blumen pflanzt. So wird der Strohballen von einem bunten Röckchen verziert, und oben wächst das Gemüse. Fleißige Lieschen sind hübsch, aber Sie können auch all Ihre anderen einjährigen Lieblingsblumen nehmen, die nicht zu groß werden.

Dieser Strohballen-Garten in North Hollywood, Kalifornien, ist ein gutes Beispiel für die Begeisterung, mit der viele Gärtner diese Methode anwenden. Selbst ein kleiner Grünstreifen vor dem Haus kann mit ein paar Dutzend Strohballen zum schönen und produktiven Garten umfunktioniert werden. *Foto mit freundlicher Genehmigung von Sarah, North Hollywood, CA*

Manche Pflanzen, die normalerweise
besonders anfällig für bodenbürtige
Krankheiten sind, gedeihen auf
Strohballen viel besser. Da die Ballen
im Zuge des Zersetzungsvorgangs
aktiv neuen „Boden" für die Pflanzen
herstellen, kann es in dieser „Erde"
weder bodenbürtige Krankheiten noch
Insektenbefall geben. Physalis, sonst
sehr empfindliche Pflanzen, gedeihen
bestens auf präparierten Strohballen.

Manche Gärtner benutzen lieber
einzelne Rankstangen, als ein Spalier
zu ziehen. Diese Methode funktioniert
insbesondere bei Tomatenpflanzen,
die bis zur Erntezeit sehr groß werden
können, sehr gut.
*Foto mit freundlicher Genehmigung
von Richard, Leitchfield, KY*

Kinder lernen durch die Strohballen-Gärnterei viel über die Natur, die Herkunft unserer Nahrungsmittel und noch einiges mehr. Die schnell wachsenden und wunderschön blühenden oder duftenden Pflanzen sind toll, um auch die Jüngsten an die Gartenarbeit heranzuführen. *Foto mit freundlicher Genehmigung von Sarah, North Hollywood, CA*

Die Strohballen sind im Prinzip Pflanzgefäße, die mit kompostierendem Stroh gefüllt sind, und deren Seiten man ebenso gut bepflanzen kann wie die Oberfläche. Der ertragreiche Garten kann mit einer Reihe einjähriger Blumen verziert werden. *Foto mit freundlicher Genehmigung von Candy, La Valle, WI*

Gerade Anfänger haben oft schwer mit den Bedingungen auf ihrem Grundstück zu kämpfen, die das Anlegen eines Gartens schwierig machen können (Bodenbeschaffenheit und andere Komplikationen). Ein paar Strohballen einfach auf den problematischen Boden zu legen, ist eine prima Lösung, mit der die Qualität der Erde für Ihren Erfolg keine Rolle spielt.
*Foto mit freundlicher Genehmigung von Katrina, Fort Wayne, IN*

Kletterpflanzen haben zwar ihre Wurzeln in den Strohballen, aber die Ranken sind überall – machen Sie sich also auf etwas gefasst! Um gesunde Melonen und Kürbisse zu ernten, muss man sie von Gras und Unkraut fernhalten. Wenn Sie Ihre Setzlinge dieses Mal in einen Strohballen pflanzen, könnte Ihr Halloween-Kürbis im nächsten Jahr der schönste weit und breit sein.
*Foto mit freundlicher Genehmigung von Gail, Kasson, MN*

Sommerblumen wie die Dahlien in diesem Strohballen, im Frühjahr als Zwiebel eingepflanzt, geben tolle Schnittblumen ab. Der große Vorteil dieser Anbauform ist, dass man die Zwiebeln im Herbst ohne langes Graben einfach wieder aus dem Stroh herausholen und aufteilen kann, wenn man den Strohballen aufschneidet.

# Stroh

## WARUM KÜHE MUHEN UND SCHWEINE GRUNZEN

STROH IST, neben seiner Verwendung für den Garten, ein sehr vielseitiges Material, das für verschiedene Zwecke genutzt wird. Man baut daraus Zielscheiben zum Bogenschießen, es wird zur Dekoration und zur Wärmedämmung von Gebäuden verwendet. Die wichtigste Aufgabe des Strohs ist aber die als Streu für Viehställe. Dafür muss das Stroh absolut trocken sein, denn nur dann absorbiert es die Feuchtigkeit der Schweine, Kühe, Pferde oder Hühner, und speichert diese in den Strohhalmen. Etwas Trivialwissen nebenbei: Die meisten Nutztiere fressen kein Stroh, und selbst wenn sie es täten, wäre es von äußerst geringem Nährwert für sie.

Kindern auf dem Bauernhof kommt meist die Aufgabe zu, das feuchte Stroh zusammenzuharken und aus den Ställen zu entfernen. Dann wird es auf die Felder gebracht, wo es mit dem Mistverteiler als Dünger in den Boden eingearbeitet wird. Die Unterlage aus trockenem Stroh in den Ställen verhindert, dass sich Krankheiten bei den Tieren ausbreiten. Denn schädliche Bakterien, Pilze und Schimmel gedeihen am besten in feuchtem Lebensraum. Am wichtigsten ist das dicke Strohlager für die Jungtiere. Wenn man genau hinhört, nachdem der Bauer den Kühen oder Schweinen frisches Stroh in ihren Stall gebracht hat, kann man die behaglich trocken und warm untergebrachten Tiere zufrieden muhen oder grunzen hören, als wollten sie sich für das saubere Stroh bedanken.

Für Kühe oder Sauen, die gerade geworfen haben, neues Stroh auszulegen, ist, als ob man ihnen das Bett frisch beziehen würde. Stroh kann auf geradezu magische Weise Feuchtigkeit aufnehmen und absorbieren.

*Gegenüber:* Trockene Strohballen sind für Landwirte bares Geld wert, während nasse Ballen nur ein absolut wertloser Risikofaktor sind.

## WIE STROH ENTSTEHT

Wenn das Getreide erntereif ist, werden die Halme kurz über dem Boden abgeschnitten. Dann werden die Körner im Inneren des Mähdreschers mit einem komplizierten Mechanismus von den Stängeln abgetrennt (oder, wie in der Redensart, die Spreu wird vom Weizen getrennt). Die Nährstoffe sind in den Körnern des Hafers, Weizens oder der Gerste enthalten. Sie werden in Anhängern gesammelt, wenn die Mähdrescher durch die Felder fahren. Die meisten Getreidekörner werden zu Haferflocken, Weizenmehl und den vielen anderen Lebensmitteln verarbeitet, die aus Getreide gemacht werden. Ihr Frühstücksbrot ist ursprünglich auch auf einem Feld gewachsen. Die Stängel der Getreidepflanzen werden hinten aus den Mähdreschern herausgeschleudert und bleiben als Nebenprodukt des geernteten Getreides auf dem Feld zurück. Dann fährt eine Ballenpresse auf die Felder, recht die Strohhalme zusammen und presst sie zu festen runden oder eckigen Ballen, die später eingesammelt und abtransportiert werden.

Die Strohhalme in den Ballen sind geformt wie Trinkhalme. Die hohlen Stängel absorbieren Wasser sehr effizient.

## Hohe Gebäude verwirren, so scheint es

Heu und Stroh werden oft verwechselt. Ich bin nicht ganz sicher, warum das so ist, aber schon in dem alten englischen Weihnachtslied "Away in a Manger" heißt es: „der kleine Jesus schlief im Heu". Aus irgendwelchen Gründen glauben die meisten Leute, dass die Krippe, in der Jesus lag, mit Heu gefüllt war, und dass auch die Tiere auf dem Heu schliefen. Würde ich für jedes Mal, wenn mich jemand fragt „Sind Heu und Stroh nicht das Gleiche?", ein Trinkgeld bekommen, wäre ich schon ein reicher Mann … Aber die Antwort lautet: Nein, es sind zwei verschiedene Dinge. Die Krippe war ganz sicher mit Stroh gefüllt, weil die Tiere auf Stroh schliefen. Aber vielleicht reimte sich das dann nicht, oder der Texter des Liedes war ein Stadtkind, dem der Unterschied nicht klar war. Jedenfalls sind Heu und Stroh so verschieden wie Katze und Hund. Heu besteht für gewöhnlich aus Grashalmen oder Alfalfa, ist grün und wird an Tiere verfüttert, während Stroh gelb oder golden ist, nur geringen Nährwert hat, aber dafür sehr gut als Streu für die Viehställe geeignet ist. Die Verwirrung scheint übrigens proportional zur Höhe der Gebäude größer zu werden — Kindern vom Lande ist der Unterschied so klar wie den Stadtkindern der zwischen S-Bahn und U-Bahn.

Heu- und Strohballen kann man also leicht verwechseln, wenn man nicht aufpasst, besonders wenn man nicht genau weiß, wo sie herkommen. Sie sind ungefähr gleich groß und gleich geformt und kosten ungefähr gleich viel. Wenn Sie versehentlich zum falschen Ballen greifen, kann das bedeuten, dass Sie ohne Not Geld verschwenden, da sich auf Heu gar nichts anbauen lässt.

## Strohballen oder Strohschwämme?

Die Halme der Getreidepflanzen haben einen einzigartigen Aufbau, der ihnen erlaubt, Flüssigkeiten sehr gut zu absorbieren. Wenn Sie die Stängel einmal genau betrachten, werden Sie feststellen, dass sie innen hohl und röhrenförmig sind. Wenn ein Ende dieses Röhrchens mit einem Tropfen Wasser in Berührung kommt, kommt ein sehr einfaches Prinzip der Physik zum Tragen, die sogenannte Kapillarwirkung. Diese verursacht, dass der Wassertropfen im Inneren des Röhrchens nach oben steigt. Dort wird die Feuchtigkeit aufgrund eines weiteren physikalischen Prinzips, der Haftung, festgehalten. Diese Kraft hält die Wassermoleküle zusammen und verhindert, dass die Flüssigkeit wieder aus dem Zylinder heraustritt, da sie die Oberflächenspannung des Wassertopfens am Ende des Zylinders nicht brechen kann. Das Wasser muss verdunsten, um wieder aus dem Röhrchen herauszukommen.

Diese einzigartige Eigenschaft erklärt die außergewöhnliche Wasserspeicherkapazität des Strohs. Wenn man einer Krankenschwester bei einem kleinen Bluttest zusieht, wird das Prinzip aus der Physik noch deutlicher. Die Schwester berührt mit ihrem Glasröhrchen den Bluttropfen auf Ihrem Finger, das Blut klettert schnell im Inneren des Röhrchens nach oben und wird dann ins Labor geschickt. Ein weiteres Alltagsbeispiel ist, was passiert, wenn Sie einen Pinsel in Farbe tauchen und die Farbe zwischen den schmalen Borsten des Pinsels hinauf „klettert". Sie nehmen den Pinsel zur Hand, und die Farbe bleibt trotzdem im Pinsel, ohne wieder herauszutropfen. Das sind einfache Beispiele für die grundlegenden physikalischen Prinzipien und die Dynamik der Flüssigkeiten.

Heu kann aus vielen verschiedenen Grassorten bestehen. Es dient als Viehfutter und enthält auch die Samenkörner, die am Halm gelassen werden. Heu ist normalerweise grün, schwer und etwas teurer. Es ist ein köstliches und nahrhaftes Viehfutter, zum Anbau von Gemüse aber vollkommen ungeeignet.

*Links:* Stroh wird aus einer Reihe von Getreidesorten gewonnen. Die gebräuchlichsten sind Hafer, Weizen, Gerste, Reis, Flachs und Roggen. Die Körner werden geerntet, und die Stängel werden als Nebenprodukt zu Ballen zusammengepresst und hauptsächlich als Streu für Viehställe verwendet.

Stroh wird im Herbst oft von Großmärkten für Garten- und Landwirtschaftsbedarf angeboten, als saisonale Dekoration oder als Schutz für nicht ganz winterharte Pflanzen und Sträucher. Man kann schon im Herbst Ausschau nach den Strohballen halten und sie den Winter über in den Garten legen. Es schadet ihnen überhaupt nicht, draußen zu überwintern, und im nächsten Frühjahr können Sie die Ballen gleich an ihren zukünftigen Platz rollen und für die neue Gartensaison präparieren.

## Wie man an Strohballen kommt: Freunden Sie sich am besten mit einem Landwirt an

Es sollte nicht allzu schwierig sein, Strohballen zu finden, aber die Kosten schwanken sehr, je nach dem, wie weit der Käufer von den Ballen entfernt ist. Direkt beim Bauern bekommen Sie Strohballen, je nach Region, manchmal schon für 1,50 EUR. Wenn Sie die Ballen von einem Zweithändler wie zum Beispiel einem Gartencenter oder Futtermittelhändler beziehen, können es bis zu 10 EUR pro Ballen sein. Erkundigen lohnt sich auf jeden Fall, denn so können Sie im Vorhinein viel Geld sparen. Ein guter Tipp ist es, im Herbst schon für die kommende Pflanzsaison einzukaufen, da dann immer viel Stroh angeboten wird.

Den Bauern ist es oft lieber, ihr Stroh gleich nach der Ernte zu verkaufen, als sich die Arbeit mit der Lagerung zu machen, nur um die Ballen dann im nächsten Frühjahr wieder herausholen zu müssen. Wenn Sie einmal anfangen, nach Strohballen Ausschau zu halten, werden sie Ihnen überall begegnen. Vielleicht entdecken Sie in der Weihnachtszeit eine große Krippe vor Ihrer Kirche, oder Sie sehen, wie Ihre Nachbarn das Fundament eines alten Hauses damit isolieren. Strohballen sind wie die alten VW Käfer: Man bemerkt sie kaum, bis man beginnt, darauf zu achten – und dann sind sie überall.

## Stroh als Pflanzmedium

Die „wertlosen" nassen (oder trockenen) Strohballen sind perfekt für jeden, der gerne Gemüse, Blumen und Früchte anbauen will. In Strohballen lassen sich, wie in einem Pflanzgefäß, all Ihre Lieblingserzeugnisse anpflanzen. In diesem Buch beschreibe ich, wie aus ein paar Strohballen ein unglaublicher, blühender und produktiver Garten werden kann. Sie brauchen weder spezielles Werkzeug noch besonderes Training, Sie brauchen nicht erfahren zu sein und Sie müssen keinen großen Garten mit guter Erde haben. Sie brauchen genau drei Dinge für einen erfolgreichen Strohballen-Garten: einen oder mehrere Ballen Stroh, mindestens sechs Stunden direkte Sonne pro Tag, und natürlich Wasser. Ich erkläre Ihnen Schritt für

### INFO: WO SIE ONLINE STROHBALLEN BEKOMMEN

Viele Landwirte haben auf große runde Ballen umgestellt, da deren Herstellung weniger aufwändig und die Nachfrage nach eckigen Ballen gesunken ist. Es kann aber gut sein, dass manche Bauern Ihnen gerne kleinere Ballen pressen, wenn sie vorher von Ihrem Bedarf wissen, und wenn der Preis besser wäre als der für die runden Ballen. Die Plattform www.heu-stroh-boerse.de wurde gegründet, um Erzeuger und Käufer wieder miteinander in direkten Kontakt zu bringen. Es handelt sich um ein bundesweites Forum für Käufer und Verkäufer, wo Sie nach Anbietern in Ihrem Umkreis suchen können. Den Landwirten ermöglicht dies eine höhere Gewinnmarge, und den Abnehmern spart es Geld, da der Zwischenhändler wegfällt und man direkt beim Verkäufer bestellen kann.

**Viele weitere Informationen unter www.strohballengarten.de**

Schritt, wie Sie vorgehen – mit der Garantie, dass es funktionieren wird, wo auch immer auf der Welt Sie Zugang zu diesen drei Dingen haben.

Die äußere Hülle der Strohballen ist fest mit Kordel umwickelt und bildet das „Pflanzgefäß". Das Innere der Ballen beginnt rasch, sich zu zersetzen und produziert dabei die notwendigen Nährstoffe. Wenn Sie die Strohballen zusätzlich mit etwas Dünger versorgen, erhalten Sie unglaublich fruchtbare Pflanzgefäße, in denen Sie züchten können, was immer Sie wollen. In nur zwei Wochen haben Sie besten Nährboden in natürlichen Pflanzkübeln – und all das zu einem Preis, der selbst meiner aus der Ära der Großen Depression stammenden, sparsamen Oma Josephine ein zufriedenes Lächeln aufs Gesicht zaubern würde.

## Wasser ist lebenswichtig für Strohballen-Gärten

Wenn Strohballen nass werden, setzt dies eine Reihe von Prozessen in Gang. Als erstes dringt die Feuchtigkeit in die Strohballen ein und hilft, die dort bereits vorhandenen Bakterien zu füttern. Sobald diese mit dem Wasser in Berührung kommen, beginnen sie zu wachsen und sich fortzupflanzen. Als Teil des natürlichen Kreislaufs beginnen sie schließlich, das Stroh zu zersetzen. Bakterien brauchen Stickstoff, um zu gedeihen. Da im Stroh selbst recht wenig Stickstoff vorhanden ist, würden die Ballen ohne zusätzliche Stickstoffzufuhr sehr langsam zersetzt werden.

Einen schweren Strohballen über den Hof zu transportieren kann selbst für einen großen, kräftigen Mann wie mich schwierig werden. Mithilfe einer großen Plane wird es einfacher: Rollen Sie den Ballen auf die Plane, wässern Sie dort, wo Sie entlang wollen, gründlich den Rasen, und Sie werden sehen: die Strohballen rutschen ganz einfach dorthin, wo sie hin sollen.

Wenn die Strohballen auf der Erde liegen, ziehen die Bakterien allmählich Stickstoff aus dem Boden, was das Wachstum und den Zersetzungsprozess des Strohs beschleunigt. Ein auf dem Boden liegender Strohballen würde in kürzester Zeit zerfallen, und jeder Versuch, den triefenden Klumpen aufzuheben, würde dazu führen, dass überall auf dem Hof Strohreste herumfliegen. Würde man den Ballen 2 Jahre lang nicht anfassen, wäre er zu einem unkenntlichen, kleinen Komposthäufchen geworden. Der übrig gebliebene Kompost unterstützt das Wachstum jedes kleinen Samenkörnchens, das zufällig vorbeikommt, und meist führt das dann zu wunderbarem Unkraut-Wildwuchs irgendwo auf dem Bauernhof.

# IHREN
# STROHBALLEN-GARTEN
# *planen*

MAN KANN STROHBALLEN-GÄRTEN buchstäblich überall anlegen, vorausgesetzt, der gewählte Ort bekommt volle Sonne und genug Wasser. Für die Strohballen-Gärtnerei spielt es keine Rolle, mit was für Boden Sie „gesegnet" sind. Ich kenne mehrere Strohballen-Gärten, die auf asphaltierten Parkplätzen angelegt wurden und ganz wunderbar gedeihen. Was sich unter den Strohballen befindet, ist unwichtig, da die Wurzeln der Pflanzen in den Strohballen wachsen und nicht in der Erde. Man kann die Strohballen auf jeden erdenklichen Untergrund stellen, von Rasen über Kies und Schotter bis hin zu hartem Beton. Wenn der Garten auf belastetem Boden angelegt werden soll, breitet man am besten eine Schicht Gartenvlies unter die Strohballen aus. So können auch ganz bestimmt keine Wurzeln bis in den Boden wachsen und etwaige Schadstoffe absorbieren. Der Boden nimmt nur das überschüssige Wasser aus den Strohballen auf. Wenn Ihr Standort leicht abschüssig sein sollte, kann sich das positiv auswirken, da das Wasser dadurch gut abläuft und sich auch nach einem starken Regenfall keine Flüssigkeit zwischen den Ballen anstaut. Vermeiden Sie nach Möglichkeit Stellen, an denen das Wasser die Tendenz hat, nach dem Regen zu stehen, wenn Sie gerne trockenen Fußes im Garten arbeiten.

*Gegenüber:* Dieser Garten wurde von der Penn State Cooperative Extension am State College von Pennsylvania angelegt – buchstäblich auf dem Parkplatz. Ein guter Beweis dafür, dass man wirklich überall schönes Gemüse züchten kann.

Richtige Ausrichtung

Falsche Ausrichtung

## UMGANG MIT SCHRÄGLAGEN

Man kann definitiv auch auf abschüssigem Gelände einen Strohballen-Garten anlegen. Es ist nur darauf zu achten, dass die
Strohballen längs zur Steigung liegen und nicht quer. Wenn man
sie quer zur Steigung aufstellt, fallen sie leicht um, und das kann,
wenn es zur falschen Zeit passiert, eine ziemliche Katastrophe
sein. Am besten sichert man die Strohballen mit Holzstäben,
wenn sie gefährlich am Hang liegen. Dann kann der Gärtner ruhig
schlafen, auch wenn der Wind aus der falschen Richtung weht,
und wird morgens kein Unglück in seinem Garten vorfinden.

## Pflanzen Sie an sonnigen Stellen

Strohballen-Gärten brauchen mindestens 6 bis 8 Stunden pro Tag volle Sonne. Weniger Sonne hemmt das Wachstum der Pflanzen, und bei manchen Sorten verringert sich dadurch der Ertrag. Begrenzte Sonnenstunden reduzieren nicht nur die photosynthetische Aktivität, was das Wachstum und den Reifeprozess verlangsamt. Es dauert auch länger, bis der Morgentau auf den Pflanzen trocknet – und nasse Blätter verbreiten Krankheiten! Wenn ein Blatt auch nur eine Spur von Schimmel-, Pilz- oder Bakterienbefall aufweist, kann es wie eine Petrischale funktionieren, und die Krankheit breitet sich in Windeseile in der feuchten Umgebung aus.

Man sollte unbedingt darauf achten, die Oberfläche der Blätter so trocken wie möglich zu halten, damit die Pflanzen gesund bleiben und der Ertrag optimal ist. Es ist ratsam, eine Stelle auszuwählen, die Morgensonne hat, sodass die Blätter früh am Tag trocknen können. Es kann wirklich so einfach sein: Bleiben die Blattoberflächen trocken, verhindert man die Ausbreitung von Schimmel, Pilzen, Viren oder Bakterien. Gewöhnen Sie sich am besten an, befallene Blätter sofort zu entfernen, sobald Sie welche entdecken. Das schützt die anderen Pflanzen vor dem Befall.

Wenn der Garten Morgensonne bekommt, müssen Sie wahrscheinlich weniger Zeit damit verbringen, kranke Blätter von den Pflanzen zu entfernen.

## Ertrag gegen Kreativität

Strohballen-Gärten sind dann am ertragreichsten, wenn man die Ballen in einzelnen, parallelen Reihen anordnet. So hat man Zugang zu allen Pflanzen, die auf der Oberfläche wachsen, optimiert die Luftzirkulation zwischen den Pflanzen und bietet allen Blättern die größtmögliche Sonneneinstrahlung. Wenn Sie nicht so viel Platz haben sollten, legen Sie einfach zwei Reihen aneinander. So kommen Sie immer noch gut an die Außenseiten. Manche Leute ordnen ihre Strohballen gerne auf kreative Weise an. Das funktioniert natürlich auch, aber ich empfehle Ihnen, niemals mehr als zwei Reihen direkt nebeneinander zu legen. Idealerweise sollten zwischen den Reihen mindestens 1,20 m Platz sein. Mehr sind besser, wenn Sie den Platz haben, aber 1,20 m brauchen Sie auf jeden Fall, um mit der Schubkarre oder dem Gartenwagen durchzukommen.

„Nein!" zum Rasensprenger und „Ja!" zum bescheidenen Bewässerungsschlauch

## Rasensprenger aus, Bewässerungsschlauch an!

Man wäre wirklich schlecht beraten, einen Gemüsegarten mit einer Sprengeranlage zu bewässern. Die versprühten Wassertropfen können auf bis zu 12 m entfernten, kranken Blättern landen, wodurch sich der Befall mechanisch mit einem Riesenschwall auf Dutzende von Pflanzen ausbreiten kann. Wer in ein paar vernünftige Bewässerungsschläuche investiert, wird deutlich weniger oder gar keine Krankheiten mehr im Garten haben – sei er auf Strohballen oder auf herkömmliche Weise angelegt. Der Wasserverbrauch wird auch kleiner, denn das Wasser gelangt direkt an die Wurzeln und wird nicht mehr zusätzlich an alle möglichen weiteren Stellen versprüht, wo es sinnlos verdunstet, ohne überhaupt zu den Wurzeln zu gelangen. Mit der Hand zu wässern ist auch immer noch effektiv, Sie sollten sich aber einen Gießstab für den Wasserschlauch anschaffen, damit Sie unter die Blätter kommen, sodass diese nicht jedes Mal nass werden, wenn Sie Ihre Pflanzen wässern. Denken Sie daran: Nasse Blätter verbreiten Krankheiten!

## Barrierearme Gartenarbeit auf Strohballen

Viele Gärtner, die im Rollstuhl sitzen, kommen mit der Strohballen-Gärtnerei sehr gut zurecht. Die Pflanzhöhe der Strohballen ist für Rollstuhlfahrer bequem zu erreichen, und Strohballen sind viel kostengünstiger als Hochbeete. Sie sollten die empfohlenen 1,20 m Abstand zwischen den Ballenreihen einhalten und dazwischen dünne Sperrholzplatten legen, damit man mit dem Rollstuhl gut durch fahren kann. Alle paar Jahre muss das Sperrholz ausgewechselt werden, da es relativ schnell verrottet, wenn es direkt auf der Erde liegt und dauernd nass wird.

MEINE OMA SAGTE IMMER: "Gießen ist für mich der Höhepunkt des Tages." Sie hat jeden Tag selbst gegossen, und dabei jede einzelne Pflanze sorgfältig untersucht, kranke Blätter abgezupft und Insekten entfernt. Wenn es im Garten ein Problem gab, wusste sie sofort Bescheid, weil sie beim täglichen Gießen alles genau begutachtete. Auf diesem langsamen Gang durch den Garten hatte sie Zeit, sich fast täglich vom Wohlergehen ihrer Pflanzen zu überzeugen. Das mache ich, um ehrlich zu sein, nicht. Wenn meine Wasserschläuche erst einmal an Ort und Stelle liegen, wird man mich nicht jeden Tag meinen Gemüsegarten wässern sehen. Die Bewässerung funktioniert bei mir automatisch, dank meiner Zeitschaltuhr, die anspringt, während ich morgens noch im Tiefschlaf liege. Wie die meisten Leute heutzutage habe ich gar nicht mehr die Zeit, es selbst zu machen. Tut mir Leid, Oma!

Man sollte auf keinen Fall den Fehler machen, die Pflanzen zu eng aneinander in zu nah beieinander liegende Strohballen zu pflanzen. Das behindert die Luftzirkulation, und die einzelnen Pflanzen bekommen zu wenig Sonne. Es wird auch schnell schwierig, die innen liegenden Ballen zu bewirtschaften. Wenn Sie sich über zwei Ballen hinüberlehnen müssen, um im dahinter liegenden Ballen zu pflanzen oder zu ernten, machen Sie sich unnötig das Leben schwer. Beim Gartendesign kreativ zu werden kann ebenso viel Spaß machen wie neue Anbaumethoden (z.B. auf Strohballen) auszuprobieren. Insofern: Seien Sie kreativ und probieren Sie alle Formen aus, die Sie schön finden. Bedenken Sie bei Ihrem Design nur, dass Ihre Kletterpflanzen eine Stütze brauchen. Das Rankgittersystem, das wir später in diesem Buch vorstellen, funktioniert am besten bei geraden Reihen. Aber das ist natürlich nicht die einzige Möglichkeit für Ihren Strohballen-Garten, und das Rankgitter ist auch nicht die einzige Kletterhilfe.

Den Garten in geraden 1,20 m bis 1,50 m voneinander entfernten Reihen anzulegen, ist am effizientesten und produktivsten. Manchen Leuten macht es Spaß, ihren Garten besonders kreativ zu gestalten, und das funktioniert natürlich auch, dann wird es nur schwieriger, Spaliere über den Ballen zu befestigen.

*„Bevor ich letzten Juni mein Knie operieren ließ, habe ich einen Gemüsegarten auf Strohballen angepflanzt. Ich konnte den Garten ganz einfach bestellen, weil ich mich nicht bücken musste. Ich freue mich schon, in diesem Jahr weiterzumachen, denn jetzt kann ich mich wieder richtig gut bewegen. Ich bin total froh, die Strohballen-Gärtnerei entdeckt zu haben. Danke, Joel!"* Susan

29

Rindenmulch (siehe Foto) oder anderes, bodendeckendes Material zwischen den Strohballen-Reihen verhindert, dass an diesen Stellen Gras oder Unkraut wächst. Wenn Sie gerne Kletterpflanzen wie Kürbisse oder Wassermelonen anbauen möchten, werden die Ranken überall sein, Sie müssen also darauf achten, dass sich Gras und Ranken in den Zwischenräumen nicht in die Quere kommen.

Gartenvlies (siehe Foto), Zeitungspapier, Karton, alter Teppich, Rindenmulch oder eine dicke Schicht loses Stroh eignen sich auch gut, um die Zwischenräume zwischen den Pflanzreihen unkrautfrei zu halten.

## Damit zwischen den Reihen keine Probleme aufkeimen

Es sieht auch ordentlich aus, wenn man das Gras zwischen den Strohballen kurz hält. Wenn Sie aber stark rankende Pflanzen wie Kürbisse
oder Wassermelonen in den Strohballen haben, werden diese Pflanzen
auch die Zwischenräume zuwuchern. Einen Teil der Ranken kann
man zwar hochbinden, aber die Früchte wachsen doch hauptsächlich in Bodennähe, also zwischen den Pflanzreihen. Ausnahmen sind
Gurken, Tomaten und einige andere Rankpflanzen, deren Früchte
kleiner sind. Diese können Sie komplett am Spalier hochwachsen
lassen und befestigen. Im Umkehrschluss wäre dies mit dicken Wassermelonen oder riesigen Kürbissen natürlich völlig unmöglich, sodass
diese Pflanzen auf jeden Fall in Bodennähe bleiben müssen. Wenn
Sie das, was zwischen den Ballen wächst, nicht zudecken, könnte es
den Zuchtpflanzen die Sonne wegnehmen – und das würde Ihrem
Ertrag schaden. Und Kürbisse oder Wassermelonen, die auf feuchtem
Gras liegen, laufen Gefahr, zu verderben. Dies kann man verhindern,
indem man Unkrautvlies zwischen den Ballen verlegt. Die Früchte,
die auf dem Vlies liegen, trocknen schnell und müssen nie mit dem
Gras oder Unkraut um das Sonnenlicht kämpfen.

Eine Schicht Vlies wirkt Wunder gegen das Wachstum von
unten. Man kann auch ganz andere Materialien auslegen, einschließlich alten Teppichbodenresten, Kartons, mehreren Schichten
Zeitungspapier, einer dicken Schicht losem Stroh oder Rindenmulch. Alles, was den Boden gegen das Sonnenlicht abschirmt,
funktioniert, denn so können die Gras- und Unkrautsamen nicht
gedeihen. Wenn die Ranken so wild wachsen, dass sie an Stellen
wuchern, die Sie nicht abgedeckt haben, können Sie ein Stück
Dachpappe oder Holz unter die einzelnen Melonen oder Kürbisse
schieben und die Früchte so aufrichten, dass der Stiel nach oben
zeigt. Dann verderben die Früchte nicht, und ihre ansprechende
Form bleibt erhalten.

## PLASTIK, NEIN DANKE

*Auf keinen Fall* sollte man Plastik- oder PVC-Planen benutzen. Alle undurchlässigen Stoffe sind ungeeignet, denn sie verhindern, dass der Boden die Feuchtigkeit absorbiert, was umgekehrt bedeutet, dass der Garten insgesamt feuchter wird. Das ist schädlich, weil die Feuchtigkeit das Wachstum, die Entwicklung und die Verbreitung von Krankheiten begünstigt. Auf undurchlässigen Oberflächen können sich auch Algen bilden, was die Pfade rutschig macht und außerdem stinkt. Widerstehen Sie also der Versuchung, einfach eine Plane zu benutzen. Es klingt wie eine gute Idee, funktioniert aber leider überhaupt nicht. Sie können mir glauben, ich habe es nämlich ausprobiert.

### Ich lebe im „Erdhörnchen-Staat" – und Sie?

Minnesota, der Bundesstaat, in dem ich lebe, wird auch „Erdhörnchen-Staat" genannt, und dieser Name ist Programm. Selbst das Maskottchen unserer Universität ist „Goldy the Gopher" – das Erdhörnchen. Wir haben mehrere einheimische Erdhörnchen-Arten hier, aber es spielt keine Rolle, mit welchen Nagetieren Sie es zu tun haben, denn alle können für einen Gemüsegarten sehr problematisch werden. Wenn Sie an einem Ort leben, wo Erdhörnchen ein potentielles Problem darstellen, kann ich Ihnen versichern, dass es viel einfacher ist, das Problem gleich bei der Wurzel zu packen, als die Tierchen wieder loszuwerden, wenn sie sich erst einmal eingenistet haben. Legen Sie entweder Kaninchengitter oder feinmaschiges Drahtgitter aus, bevor Sie Ihre Ballen platzieren. Erdhörnchen und andere Nagetiere graben sich gerne von unten in die Strohballen, wovor Sie mit diesem einfachen Gitter sicher sind. Wenn Sie kein Gitter auslegen und die Erdhörnchen erst einmal drin sind, haben Sie keine Chance mehr. Denn man kann die Strohballen nicht mehr hochheben, wenn sie sich mit Wasser vollgesaugt haben und der Zersetzungsprozess bereits begonnen hat. Am Ende der Saison werden Sie dann noch einen Zusatznutzen entdecken: Der Maschendraht wird zu einem praktischen Rodelschlitten, mit dem Sie die zersetzten Ballen zum Kompost hinüber transportieren können.

### Schnittseite nach oben

Wenn man genau hinsieht, stellt man fest, dass die Strohballen zwei sehr unterschiedliche Seiten haben. Eine ist die Schnittseite, die aussieht, als hätte man die Enden des Strohs säuberlich aneinandergereiht und sie dann mit einem Messer abgeschnitten. Die andere Seite des Ballens ist die gefaltete Seite. Sie sieht aus, als hätte man die Halme beim Zusammenpressen einmal umgeklappt. Ideal ist, die Ballen so

Jeder Ballen hat eine Schnittseite (stachelige Seite) und eine Faltseite. Für den Garten ist es gut, die Ballen so anzuordnen, dass die Schnittseite oben liegt. So können Wasser und Dünger den Ballen leichter durchdringen.

zu positionieren, dass die Schnittseite an der Oberfläche ist, da das Stroh auf diese Weise schneller Wasser und Dünger aufnehmen kann. Es geht auch, wenn die Faltseite oben ist, dann kann es aber etwas länger dauern, bis die Ballen ausreichend präpariert sind.

## Schnüre an der Seite

Normalerweise sind die Strohballen an den Seiten verschnürt und nicht von oben nach unten. Falls die Schnüre doch von oben nach unten auf den Schnitt- und Faltseiten verlaufen sollten, drehen Sie den Strohballen lieber, denn es ist wichtiger, dass die Schnüre an der Seite sind, als dass die Schnittkanten nach oben zeigen. Die Schnürung an der Seite hat eine ganz wichtige Funktion beim Pflanzen: Wenn Sie mit einer scharfen Pflanzkelle ein Loch in die Oberfläche des Ballens machen, könnten Sie aus Versehen die Schnüre mit durchtrennen, was den Pflanzkübel kaputt machen würde. Außerdem verringert es den Druck im Ballen, wenn die Schnüre reißen, der ist aber für den Zersetzungsprozess unerlässlich. Achten Sie also darauf, dass die Schnürung unversehrt bleibt, und wenn Sie doch versehentlich eine beschädigen sollten, ersetzen Sie diese so schnell wie möglich.

### NYLONSCHNUR

Früher wurde in der Landwirtschaft eher Bindedraht als Bindeschnur verwendet. Auch heute wird noch manchmal Hanfschnur benutzt, eine starke, natürliche Faser, die sich aber auch ebenso natürlich nach einer Weile wieder zersetzt. Heute wird üblicherweise eher Nylonschnur zum Pressen der Strohballen verwendet. Das Gute (und gleichzeitig Schlechte) an Nylon ist, dass es nicht biologisch abbaubar ist. Wenn ein Nylonfaden heute auf einem Feld von einem Strohballen abfällt, kann ein Bauer in 1000 Jahren dort immer noch den gleichen Faden vorfinden. Aber die Schnüre halten natürlich gut, und werden sich auch nicht lösen, wenn ein Ballen schon eine Weile gelegen hat.

Drehen Sie die Strohballen so, dass die Schnüre, von denen sie zusammen gehalten werden, an den Seiten verlaufen. Dafür gibt es mehrere Gründe. Hauptsächlich ist es wichtig, dass die Schnüre beim Pflanzen nicht im Weg sein dürfen. Wenn Sie aus Versehen eine Schnur durchtrennen, ersetzen Sie diese so schnell wie möglich. Die Schnüre sind Teil des „Pflanzkübels", und ohne sie geht der Druck im Inneren des Ballens verloren. Dieser Druck ist zum Großteil verantwortlich dafür, dass die Ballen sich schnell zersetzen (und das ist gut so!).

## VORSICHT MIT DEN STOPPELN!

Jedes Kind, das auf einem Bauernhof aufwächst, weiß: wenn ich mir beim Ballenstapeln die falsche Seite ans Knie stoße, habe ich noch vor der Mittagspause eine große, offene Stelle am Bein. Die Schnittseite ist stachelig, weil die Enden der abgeschnittenen Halme hervor schauen. Die Faltseite ist weicher und kratzt nicht. Jetzt, wo Sie den Unterschied kennen, ist er leichter zu sehen.

# DER ANBAU AUF 5 STROHBALLEN: Anordnung und Pflanzvorschlag

Minze (Seitenfläche)

Katzenminze (Seitenfläche)

Brokkoli

Basilikum

Kohl

Estragon

Oregano

Kopfsalat

Salbei

Alte Tomatensorte

Kartoffeln

Mangold

Fenchel

Erdbeeren

Schnittlauch

Kohl

Petersilie

Ringelblume

Kirschtomaten

Petersilie

Kürbis

Majoran (Seitenfläche)

Erbsen

Pak Choi

Ananas-Minze

Petersilie

Zuchttomaten

Buttersalat

Möhren

Blumenkohl

Romana Salat

Oregano

Kürbis

Pak Choi

Salbei

Kürbis

Brokkoli

Lila Basilikum

Basilikum

Rosenkohl

Thymian

Blumenkohl

Basilikum

Cantaloupe-Melone

Brokkoli

Zuckerschoten

Kürbis

Erdbeeren

Erbsen

Lila Basilikum

Salbei

Schnittlauch

Kürbis

Rucola

Koriander

Gurken

Minze

Fenchel

Tomaten

Rosmarin

Rüben

Kohlrabi

Petersilie

Radieschen

Riesenkürbis

Chicoree

Endiviensalat

Bohnenkraut

Erbsen

Möhren

Tomaten

Salat

Liebstöckel

Petersilie

Tomaten

Cantaloupe-Melone

Petersilie

Buschbohnen

Möhren

Basilikum

Radieschen

Brunnenkresse

Kohl

Basilikum

Rucola

Rotkohl

Oregano

Grüne Paprika

Spinat

Ringelblumen

Kartoffeln

Wassermelone

Mangold

Kartoffeln

Salat

Rosmarin

Salat

Blumenkohl

Oregano

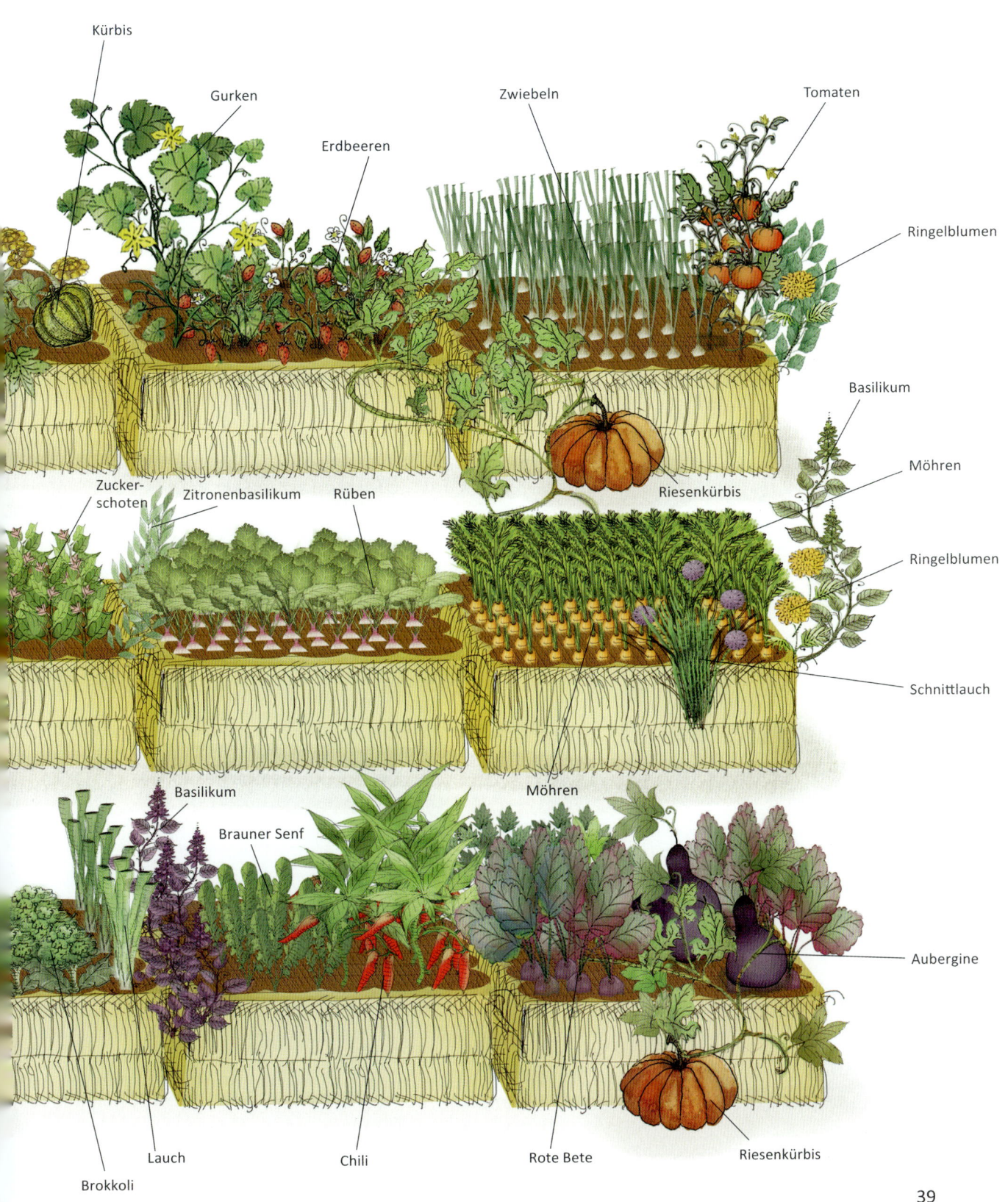

Kürbis

Gurken

Erdbeeren

Zwiebeln

Tomaten

Ringelblumen

Basilikum

Möhren

Ringelblumen

Riesenkürbis

Zucker-schoten

Zitronenbasilikum

Rüben

Schnittlauch

Möhren

Basilikum

Brauner Senf

Aubergine

Brokkoli

Lauch

Chili

Rote Bete

Riesenkürbis

# DER ANBAU AUF 20 STROHBALLEN: Anordnung und Pflanzvorschlag

Schnittlauch

Rüben

Kohlrabi

Zinnien

Riesenkürbis

Okra

Rosmarin

Salat

Rosenkohl

Schalotten

Süßkartoffeln

Cantaloupe-Melone

Spinat

Kürbis

Salat

Kohlrabi

Cantaloupe-Melone

Grünkohl

Kornblumen

Brauner Senf

Grüne Paprika

Spinat

Koriander

Bohnen

Fenchel

Blumenkohl

Grüne Zwiebeln

Vidalia-Zwiebeln

Basilikum

Radieschen

Ananas-Minze

Blattkohl

Katzenminze

Lauch

Brokkoli

Oregano

Rote Bete

Stangenbohnen

Estragon

Basilikum

Möhren

Pak Choi

Rucola

Kartoffeln

Chilis

Riesenkürbis

Liebstöckel

Brunnenkresse

Rüben

Zinnien

Knoblauch

Salbei

Möhren

Kohl

Erdbeeren

Tomaten

41

## Werkzeug und Material

### STROHBALLEN

Groß und schwer sollten die Strohballen sein, dann sind sie besonders dicht gepresst und schrumpfen im Laufe der Gartensaison nicht zu sehr ein. Ich empfehle normalerweise eine Anzahl von 5 Ballen pro Person im Haushalt. 20 Strohballen sollten also richtig sein, um den Jahresbedarf einer durchschnittlichen Familie zu decken. Man sollte beim Kauf darauf achten, dass die Strohballen „abgeerntet" sind. In seltenen Fällen kann es nämlich passieren, dass das Stroh geschnitten wird, ohne dass die Getreideähren abgeschnitten wurden, was nichts anderes bedeutet, als dass der ganze Ballen anfangen würde, „Haare" zu bekommen, als hätte man im Garten ein gigantisches Chia-Tierchen stehen.

Trockene Strohballen können von 10 bis 250 kg wiegen, je nach dem, wie groß sie sind, und wie fest der Landwirt seine Ballenpresse eingestellt hatte. Suchen Sie sich möglichst große, schwere, dichte Ballen aus, da sie in der Pflanzsaison länger halten. Normalerweise geht der Preis nach Ballen – holen Sie sich also möglichst viel Stroh für Ihr Geld.

So gut wie alle günstigen Rasendünger funktionieren wunderbar zum Präparieren Ihrer Strohballen. Rasendünger enthält meistens viel Stickstoff und ist leicht wasserlöslich. Achten Sie bitte sorgfältig darauf, dass keine Unkrautvernichter beigemischt sind, wenn Sie Gemüse anbauen wollen.

## DÜNGER

Für das Präparieren der Strohballen ist ein einfacher, günstiger NPK-Rasendünger aus dem Gartencenter oder Baumarkt wunderbar geeignet. Man braucht ungefähr 500 g Dünger pro Strohballen, also etwa 2,5 kg für 5 Strohballen. NPK ist die Abkürzung für die Inhaltsstoffe, die auf der Verpackung immer in Prozent angegeben sind, z.B. 29% Stickstoff (N), 0% Phosphor (P) und 4% Kalium (K). Ich rate zu Rasendünger mit mindestens 20% Stickstoff, denn dieser sorgt dafür, dass die Bakterien im Inneren des Strohballens schnell loslegen. Die langsam wirkenden Sorten sind NICHT gut geeignet. Es gibt viele verschiedene Zusammensetzungen, aber machen Sie einen großen Bogen um alles, was Unkraut oder Bluthirse bekämpft, oder gar Unkrautvernichter enthält.

Bio-Dünger gibt es heute fast überall. Prüfen Sie die Inhaltsstoffe genau, um sicher zu stellen, dass der Dünger das richtige Verhältnis von Stickstoff, Phosphor und Kalium enthält. Höhere Prozentsätze bedeuten meist, dass Sie mehr für Ihr Geld bekommen – sehen Sie sich also etwas um.

Holzasche ist eine gute Kalium-
Quelle, man muss sie aber
mit anderen Zutaten mischen

Um die Strohballen mit Öko-Dünger zu präparieren, braucht man
pro Ballen ca. 1,5 kg Bio-Stickstoff (z.B. Blutmehl, Federmehl oder
eine andere natürliche Stickstoffquelle, die mindestens 5 % Stickstoff
enthält) – das sind insgesamt 5,5 kg Biodünger für 5 Strohballen.
Fertige Biodünger haben meist einen viel geringeren Stickstoffan-
teil, und enthalten oft wenig oder gar kein Phosphor oder Kalium,
darum braucht man davon mehr als vom herkömmlichen Dünger.
Ein kleines Säckchen Gartendünger, der etwas Phosphor und Kalium
enthält (mit den Symbolen P und K gekennzeichnet) werden wir
auch brauchen. Meist ist Gartendünger im Verhältnis von 10-10-10
abgemischt. Knochen- oder Fischmehl sind auch gute, natürliche
Phosphorquellen. Holzasche oder Algenmehl enthalten Bio-Kalium.
Sie können selbst guten Öko-Dünger herstellen, indem Sie Holzasche zu gleichen Teilen mit einer der oben genannten Phosphorquellen mischen. Das Ergebnis enthält alle für das Wachstum Ihrer
Pflanzen notwendigen Nährstoffe.

## T-PFOSTEN AUS STAHL

Alle gut sortierten Baumärkte und Geschäfte für Landwirtschaftsbedarf führen die typischen Pfosten, die für Weidezäune benutzt
werden. Die sogenannten „T-Pfosten" sind die besten. Sie halten
ewig, sodass es eine einmalige Investition ist, sie anzuschaffen. Je
nach Höhe kosten sie zwischen 7 und 15 EUR das Stück; am besten
nehmen Sie die längsten, die im Angebot sind. Das „T" im Namen
bezieht sich auf die typische Form des Schaftes (von oben betrachtet). Diese Pfosten haben häufig einen stabilisierenden Schenkel in
Bodennähe, der verhindert, dass sich ein Pfosten löst, nachdem er
eingeschlagen wurde.

T-Pfosten sind nach ihrem Profil
benannt: sie eignen sich perfekt für die
Rankgitter, die man über die Strohballen
spannt.

## HANDRAMME

Dieses nützliche Spezialwerkzeug wird von oben über den Pfosten gestülpt wie eine große Füllerkappe. Mit diesem zusätzlichen
Gewicht lassen sich die Pfosten auch in harten Boden einschlagen.
Packen Sie die Griffe fest, heben Sie den Pfosten hoch und rammen
Sie ihn bis zur gewünschten Tiefe in die Erde. Man kann statt der
Ramme auch einen großen Hammer benutzen, das ist aber nicht
ganz ungefährlich. Leihen Sie sich lieber eine Ramme aus, oder kau-
fen Sie eine – für den Eigenbedarf, und im Hinblick auf die vielen
potentiellen neuen Strohballen-Gärtner in der Nachbarschaft, die
Ihre Ramme dann auch brauchen werden.

Eine Handramme ist ein Werkzeug, das
man nicht besonders oft benutzt. Es ist
aber so gut wie unmöglich, ohne solche
Rammen Pfosten sicher und stabil in die
Erde zu schlagen.

## 5 X 10 CM KANTHOLZ

Es ist ratsam, am oberen Ende der Pfosten ein rechteckiges Kantholz zu befestigen. Das hält sie stabil, wenn man weiter unten die Drähte fest anspannt. Ohne das Holz würden die Drähte die Pfosten zusammenziehen, wodurch sich diese lockern können. Dann wären die Drähte nicht mehr straff gespannt und würden anfangen, durchzuhängen. Wenn der Abstand größer als 3,50 m ist, nimmt man besser ein 5 x 12 cm dickes Holz, da das 5 x 10 cm dicke in der Mitte etwas durchhängen könnte. Lange Kanthölzer bekommt man nicht überall, sie sind auch schwieriger zu transportieren. 5 Strohballen von je 1,20 m Länge sind der längste Abstand, den Sie zwischen den Pfosten machen sollten.

## 2,5 MM ELEKTRO-WEIDEDRAHT

Man braucht 8 x so viel Draht, wie die verwendeten Ballen lang sind. 2,5 mm starker Draht ist am besten geeignet. Dünnerer Draht kann unter dem Gewicht der Rankpflanzen reißen. Wenn Sie aber mit 3 mm starkem Draht umgehen können, müssen Sie wahrscheinlich nie wieder einen Draht neu spannen.

Der 2,5 mm starke Draht eignet sich am besten, um Rankgitter für die Strohballen zu bauen. Dickerer Draht kann schwierig zu schneiden und mit bloßer Hand zu bearbeiten sein. Tragen Sie vorsichtshalber schützende Handschuhe. Es gibt nichts Schlimmeres, als mit einem Schnitt an der Hand in die Gartensaison zu starten!

Tropfschläuche eignen sich gut dafür, das Wasser sanft und gleichmäßig auf den Strohballen zu verteilen. Es ist wichtig, das Wasser von den Blättern fernzuhalten, damit sich keine Krankheiten im Gemüsegarten ausbreiten. Tropfschläuche sind die perfekte Lösung für die Strohballen-Gärtnerei.

## TROPFSCHLÄUCHE

Man braucht ausreichend Schläuche für die Gesamtlänge der verwendeten Strohballen. Ich persönlich mag die durchlässigen Schläuche, bei denen das Wasser durch den Schlauch nach außen dringt. Sie kennen vielleicht die PVC-Schläuche mit den kleinen Löchern, die oft zur Bewässerung von langen, schmalen Grünstreifen benutzt werden. Diese funktionieren auch gut, wenn man sie einfach umdreht, sodass die kleinen Löchlein nach unten zeigen und das Wasser nicht in alle Richtungen spritzt.

## HOCHLEISTUNGS-GARTENSCHLAUCH

Für die Strecke vom Wasserhahn bis zu der Stelle im Garten, wo der Tropfschlauch anfängt, sollte man einen guten, verstärkten Gartenschlauch anschaffen. Er sollte aus 100% Gummi sein und nicht aus Vinyl. Gute Schläuche haben gusseiserne Verbindungsstücke, die sich nicht verbiegen, wenn man darauf tritt oder darüber fährt. Gute Schläuche sind zwar teurer, halten aber dafür länger. Wie so oft bedeutet günstig auf lange Sicht nicht immer weniger teuer.

Investieren Sie in einen guten Hochleistungs-Schlauch, denn die günstigeren halten nicht lange, wenn sie viel benutzt werden.

## GARTENARBEIT MIT KÖPFCHEN!

Ich mache vom Wasserhahn bis zum Anfang des Gartens mit einem flachen Spaten einen schmalen Schlitz in den Rasen. In diesen Schlitz verlege ich den Gartenschlauch und trete das Gras darüber wieder fest. Dieser Schlauch ist nun bis zum Ende des Sommers „unsichtbar". Wenn Sie bei sich zu Hause dafür zuständig sind, den Rasen zu mähen, werden Sie bestimmt froh sein, diesen unseligen Schlauch nicht ständig aus dem Weg räumen zu müssen.

### BEWÄSSERUNGSUHR

Mit einer 9V-Batterie betrieben, wird Ihnen dieses kleine Stück Technik die tägliche Arbeit abnehmen, Ihren Garten zu bewässern. Man kann es auf jeden beliebigen Tag und den gewünschten Zeitraum einstellen. Strohballen kann man nicht überwässern, da das überschüssige Wasser einfach abfließt, sodass man sich auch bei Regenwetter keine Sorgen machen muss. Man kann den automatischen Timer auch einfach für ein, zwei Tage ausstellen, wenn es regnet.

Die Bewässerungsuhr lässt sich auf bestimmte Tage und genaue Zeiträume einstellen. Wenn das Wetter mehr oder weniger Wasser erfordert, lässt er sich leicht umprogrammieren. Sie haben bestimmt keine Probleme mit dem Timer, wenn Sie in der Lage sind, einen Wecker zu stellen. Die meisten Modelle sind einfach zu handhaben, und eine Batterie reicht locker für eine komplette Pflanzsaison.

## GARTENKELLE

Dies ist das einzige Gartenwerkzeug, das man für die Strohballen-Gärtnerei benötigt. Es gibt viele verschiedene Modelle; ich persönlich mag am liebsten meine alte aus Metall. Die eine Kante habe ich scharf zugefeilt, sodass sie mir als Messerersatz dient, wenn ich etwas abschneiden will.

Bodenfräse, Rechen, Schaufel und Hacke können in diesem Jahr im Schuppen bleiben. Ölen Sie das Werkzeug gut, sodass es nicht rostet, wenn Sie es nicht benutzen. In diesem Jahr brauchen Sie nichts weiter als eine einfache Gartenkelle.

## GARTENVLIES

Auch hier sollte man darauf achten, das robustere Produkt zu wählen – die Qualität ist sehr viel besser, und das Vlies hält mehrere Pflanzsaisons aus. Die günstigeren Produkte reißen schnell, wenn man sie auslegt oder darüber läuft. Das Vlies sollte mit sauberem Rindenmulch, Stroh oder anderen sonnenundurchlässigen Materialien bedeckt werden, da es durch die UV-Strahlen schneller zersetzt wird. Man sollte es alle paar Jahre auswechseln, da sich auf dem Vlies Unkrautsamen ansammeln können, die dann zu sprießen anfangen. Die meisten Hersteller bieten spezielle Kunststoffbolzen an, mit denen man das Vlies fixiert. Sie können aber auch einige Stücke dicken Draht zum U biegen und wie große Heftklammern benutzen. Anderes Material lässt sich auch als Auflage für die Zwischenräume verwenden, zum Beispiel eine dicke Schicht loses Stroh, 6 Lagen Zeitungspapier, alter Karton, Teppichreste, Holzbretter oder 10 cm hoch Rindenmulch. Alles, was lichtundurchlässig ist und verhindert, dass Unkrautsamen gedeihen, funktioniert.

Gartenvlies besteht hauptsächlich aus einem gewebten oder perforierten synthetischen Stoff wie Nylon. Das Gewebe verhindert das Unkrautwachstum.

Um im Strohballen ein Saatbett für die Setzlinge anzulegen, braucht man steriles, erdeloses Substrat. Jede beliebige sterile Mischung, die keine Unkrautsamen und keine Erde enthält, funktioniert bestens.

## SUBSTRAT

Für 2 Strohballen braucht man knapp 30 l Substrat. Es muss steril sein und darf weder Unkrautsamen noch Erde enthalten. Das beugt bodenbürtigen Krankheiten und anderen bodenbürtigen Problemen vor. Ich habe mit Miracle Gro® gute Erfahrungen gemacht. Es gibt herkömmliches und Öko-Substrat. Beides ist absolut sauber und enthält langsam freigesetzten Dünger. Ein großes Paket (60 l) ist reichlich für 4 Strohballen, und was übrig bleibt, kann problemlos im nächsten Jahr verwendet werden.

## POLYETHYLEN-FOLIE

Diese 0,05 – 0,075 mm dicke Folie gibt es im Gartencenter und im Baumarkt. Sie sollte 1,5 m breit und so lang sein, dass sie die Strohballen der Länge nach abdeckt. Dicker ist hier nicht unbedingt besser. Es kann problematisch sein, mit dickerer Plane zu arbeiten. Noch dünner wäre auch nicht gut, weil die Folie leicht einreißt, was die notwendige Isolation aufs Spiel setzen würde. Es gibt im Fachhandel viele verschiedene Dicken und Längen zur Auswahl. Die Folie lässt sich einfach mit einem Teppichmesser auf die gewünschte Größe zurechtschneiden.

Außerdem benötigt man eine dünne Polyethylen-Kunststoff-Plane, etwa 0,05 – 0,075 mm dick und lang genug, um den gesamten Ballen abzudecken.

## Die Gartengestaltung
### PFOSTEN AM ENDE DER REIHEN

An die Enden jeder Strohballen-Reihe setzt man einen 2,10 m hohen oder höheren Pfosten. Diese Pfosten dienen als Halt für die Drähte, die das Rankgitter über den Ballen bilden. Die Pfosten gibt es in Gartencentern und im Landwirtschaftsbedarf. Mit einer Handramme sind sie am besten im Boden zu fixieren – eine einmalige Investition von ca. 70 EUR, die auch allen potentiellen Strohballen-Gärtnern in Ihrer Gegend zugute kommen wird.

Mit der Ramme schlagen Sie die Pfosten in die Erde, sodass die seitlichen Schenkel den Pfosten flach am Boden fixieren. Achten Sie darauf, dass die gewölbte Seite des „T" von der Strohballen-Reihe weg zeigt. Prüfen Sie das noch einmal, bevor Sie die Pfosten gerade und senkrecht in die Erde schlagen.

## DIE PFOSTEN VERSTÄRKEN

Zwischen den Pfosten bringt man eine Holzlatte an, die sie auseinander hält, wenn man die Drähte zwischen den Pfosten anspannt. Ein Kantholz von 5 x 10 cm funktioniert gut für alle Ballenreihen bis zu 3,65 m Länge. Für längere Reihen sollte man aber eines in 5 x 12 cm Länge nehmen, da spätestens im Hochsommer zu lange Kanthölzer in der Mitte durchhängen.

Verbinden Sie die Pfosten mit einem 5 x 10 cm großen Kantholz, sodass sie nicht schräg werden, wenn die Drähte zwischen den Pfosten angespannt werden.

Sägen Sie Schlitze in beide Enden der Kanthölzer, sodass sie über die Zunge des T-Pfostens passen. Bohren Sie zusätzlich je ein Loch durch beide Enden, durch das Sie mit einem Stück Draht das Kantholz an die Pfosten hängen. Wenn Sie dann die Querdrähte festziehen, wird das Kantholz zwischen den Posten eingekeilt. Es kann sein, dass das Kantholz ca. alle 3 bis 4 Jahre ersetzt werden muss, wenn es anfängt, durchzuhängen.

Spannen Sie die Querdrähte zwischen den Pfosten in Abständen von ca. 25 cm.

## DRÄHTE ZWISCHEN DEN PFOSTEN SPANNEN

Man spannt den ersten Draht ca. 25 cm über den Strohballen, und dann im gleichen Abstand weitere Drähte, bis das obere Ende erreicht ist. Diese Drähte haben im Verlauf der Gartensaison mehrere Aufgaben zu erfüllen, und können auch für die kommenden Jahre an Ort und Stelle bleiben. Sie bilden ein robustes Rankgitter, an dem sich Rankpflanzen und schwerere Gemüse aufrichten können. Ohne die Drähte müsste man manche Pflanzen einzeln mit Stangen stützen. Diese schlägt man am besten durch die Ballen hindurch in die Erde, um sie zu stabilisieren. Das Rankgitter ist einfacher und effizienter als einzelne Stangen und kann auch das „Strohballen-Gewächshaus" stützen (mehr dazu im betreffenden Kapitel).

## Nord-Süd ausgerichtete Reihen

Meiner Erfahrung nach ist es ideal, wenn die Strohballen in Reihen mit Nord-Süd-Ausrichtung angeordnet sind. So kann der Garten gleich die ersten Sonnenstrahlen einfangen, und der Tau, der sich über Nacht auf den Blättern gesammelt hat, trocknet. Da nasse Blätter Krankheiten verbreiten können, sind diese ersten morgendlichen Sonnenstrahlen sehr hilfreich. Wenn zusätzlich noch der Wind zwischen den Ballen zirkulieren kann, bleiben die Blätter trocken und die Pflanzen gesund. Der Wind kann auch gegen die Verbreitung von Insekten helfen. Da Käfer die Blätter der Pflanzen entweder als Imbiss oder als Eiablagestelle betrachten, werden sie um Blätter, die im Wind hin und her wackeln, eher einen Bogen machen, und stattdessen ruhige, schattige Blätter in Bodennähe wählen. Die Bewegung im Wind kräftigt außerdem die Stiele der Pflanzen. Ich nenne es „tanzen", wenn die Pflanzen im Wind hin und her schaukeln. Und ich meine, tanzen ist für Menschen und für Pflanzen gleichermaßen gesund.

Windstille Gärten sind dagegen prädestiniert für Krankheiten und Insektenbefall; außerdem bringen sie schwache Stängel bei den Pflanzen hervor, die unter dem Gewicht der schwereren Früchte im Sommer leicht brechen. Der Strohballen-Garten sollte möglichst nicht in Haus- oder Zaunnähe liegen, sodass der Wind ungehindert zirkulieren kann. Entgegen der gängigen Doktrin ist Wind nämlich überhaupt nicht schädlich für den Garten. Solange Sie genug wässern und die Wurzeln feucht halten, wird der Wind Ihrem Garten sogar helfen.

*Gegenüber:* Die Rankpflanzen wachsen gleichmäßiger am Spalier, wenn die Strohballen in Nord-Süd-Ausrichtung stehen. Die Morgensonne scheint auf die eine Seite der Pflanzen und die Nachmittagssonne auf die andere. Beachten Sie, wie gleichmäßig die Pflanzen auf diesem Foto gewachsen sind.

## HERUNTER VOM KARUSSELL

Viele Bücher über Gemüsegärten sind zu einem nicht unerheblichen Teil der richtigen Fruchtfolge gewidmet. Strohballen-Gärten dagegen brauchen gar keinen Fruchtwechsel. In herkömmlichen Gärten werden bodenbürtige Schädlinge wie Insekten, Viren und Pilze durch den Fruchtwechsel ausgemerzt, da sie nur bestimmte Gemüse befallen, andere jedoch nicht. Wir verwenden keine Erde und stellen stattdessen jedes Jahr in neuen Ballen frischen Kompost her. Dadurch müssen wir uns mit dem Thema Fruchtwechsel überhaupt nicht beschäftigen.

Mit diesen Reflektorstreifen verhindern Sie, dass Vögel es sich auf Ihrem Rankgitter bequem machen und dort ihren selbst gemachten Spezialdünger hinterlassen.

*Tipp*

Befestigen Sie Vogel-abwehrstreifen an einigen Pfosten, und Sie werden sehen, dass Vögel einen Bogen um Ihren Garten machen, da sie die Streifen überhaupt nicht mögen. Ich persönlich habe mit Irri-Tape® die besten Erfahrungen gemacht. Sie bekommen diese Streifen im Fachhandel und online.

*Gegenüber:* Wenn Ihre Strohballen sinnvoll angeordnet, Ihre Pfosten fixiert und Ihre Drähte richtig gespannt sind, können Sie damit beginnen, Ihre Strohballen zu präparieren.

## Halten Sie die Ranken im Gleichgewicht

Wenn die Pflanzen am Spalier hoch wachsen und dabei Sonne von beiden Seiten bekommen, wachsen sie auf beiden Seiten gleichmäßig. Verläuft die Reihe von Norden nach Süden, bekommen die Ranken von Osten die Morgensonne und von Westen die Nachmittagssonne, sodass das Wachstum ausgewogen ist. Mit einer Ost-West-Aus-richtung würde die Südseite des Rankgitters den ganzen Tag Sonne bekommen, während die Nordseite fast keine bekäme. An der Süd-seite würde alles blühen und gedeihen, an der Nordseite würde fast gar nichts wachsen, was ein Ungleichgewicht erzeugen würde und außerdem weniger effizient und produktiv wäre.

## Vögel verwirren

Kein Gärtner ist besonders erpicht darauf, den natürlichen Dün-ger der Vögel auf dem Gemüse zu haben, das er in ein paar Tagen ernten will. Damit die Vögel nicht ausgerechnet in Ihrem Garten ihre „Spuren" hinterlassen, kann man sie ganz einfach mit Vogelab-wehrstreifen vertreiben. Das Glitzern und das knisternde Geräusch halten sie sehr effektiv davon ab, sich auf den Rankgittern nieder-zulassen. Ich persönlich bin mit Irri-Tape® Bird Repellant sehr zu-frieden, aber Sie können jedes Produkt dieser Art benutzen, das Sie gut finden. Leider wollte keiner der Vögel, die ich gefragt habe, sich dazu äußern, warum Irri-Tape® so effizient ist – ich kann nur sagen, es funktioniert super.

# DIE STROHBALLEN
## *präparieren*

DEN PROZESS, DAS INNERE DER STROHBALLEN zu Kompost umzuwandeln, der in der Lage ist, den Wurzeln Halt zu geben, nenne ich „präparieren". Das Präparieren ist ein einfacher, aber äußerst wichtiger Teil der Strohballen-Gärtnerei, der eigentlich nichts anderes bedeutet als kompostieren. Die meisten Gärtner kennen sich mit Kompost gut aus und wissen, dass alles Organische kompostierbar ist. Manche Stoffe zersetzen sich schneller als andere. Holzspäne von Hartholzbäumen wie Eichen oder Ulmen brauchen mehrere Jahre, während frischer Rasenschnitt bereits in ein bis zwei Monaten zersetzt ist. In jedem Komposthaufen herrscht auf der mikrobiologischen Ebene ein reges Treiben. Die Mikroorganismen kann man einfach anregen, indem man den Kompost wendet und Sauerstoff hinein bringt. Der Zersetzungsprozess lässt sich noch mehr beschleunigen, indem man den Kompost wässert und alle 2–3 Wochen etwas stickstoffreichen Dünger hinzufügt. Diese ausgewogenen Zutaten machen dem Kompost richtig Dampf. Oft wird frisch gewendeter, gedüngter und gewässerter Kompost 70 °C und heißer. In dieser Hitze sterben meist die schädlichen Bakterien aus dem Dung ab, und die Unkrautsamen im Kompost werden auch vernichtet. Durch die Kombination von mikrobiologischer Aktivität, Hitze, der Unterstützung von Würmern und Insekten entsteht ein sattes, fruchtbares, organisches Pflanzmedium, in dem die Wurzeln sich wohl fühlen. Das Wissen über Kompost und den richtigen Umgang damit auf unsere Strohballen anzuwenden hilft beim Verständnis der Methode, nach der wir die Strohballen präparieren.

Um die Strohballen mit Erfolg bepflanzen zu können, müssen sie 2 Wochen vorher präpariert werden. Ein Teil dieses Prozesses ist es, die Strohballen gründlich zu wässern, damit Wasser und Dünger ins Innere der Ballen gelangen und anfangen können, zu „arbeiten".

Ein junger Strohballen-Gärtner hilft, die Ballen „zu präparieren", um den Zersetzungsprozess in Gang zu bringen. 2 Wochen vor dem geplanten Pflanztermin geht es los.
*Foto mit freundlicher Genehmigung von Jean, Washington, IA*

## Fangen Sie rechtzeitig an

Es dauert 10-12 Tage, die Strohballen zu präparieren – der genaue Zeitraum ist unter anderem von der Lufttemperatur abhängig. Wenn man beispielsweise am 1. Mai pflanzen möchte, reicht es, Mitte April mit dem Präparieren anzufangen. Schauen Sie in den Kalender und rechnen Sie vom durchschnittlich letzten Frost in Ihrer Gegend zwei Wochen zurück, dann wissen Sie, wann es Zeit ist. Auch wer in einer wärmeren Klimazone lebt und im Winter anfangen will, braucht 2 Wochen Vorlaufzeit.

Es ist entscheidend, dass die Strohballen diese relativ kurze Zeit bekommen, um sich zu zersetzen (kompostieren), bevor man etwas einpflanzt. Innerhalb von 2 Wochen kann man keinen kompletten Kompostierungsprozess erreichen – erwarten Sie also nicht, dass nach 12 Tagen das Innere der Strohballen aussieht wie fertiger Kompost. Aber die Bakterien im Inneren der Strohballen sind aktiviert und haben begonnen, das Stroh zu zersetzen. Dadurch entstehen Stickstoff und andere Nährstoffe. Wenn man versucht, die Strohballen zu früh zu bepflanzen, wird man magere Resultate erzielen, bis hin zu abgestorbenen Setzlingen. Das Ziel ist es, die Ballen teilweise zu kompostieren, gerade genug, um sie zum „Arbeiten" zu bringen, bevor Pflänzchen oder Samen ins Spiel kommen.

## Lassen Sie die Ballen „arbeiten"

Dünger und Wasser sind die Hauptbestandteile beim Präparieren der Strohballen. Viele Strohballen-Gärtner nehmen günstigen Dünger, den es überall zu kaufen gibt, um ihre Ballen zu „füttern". Wenn man umweltbewusst arbeiten will, muss man zu anderen Mitteln greifen: Blutmehl, Federmehl oder eine fertige Mischung wie Milorganite® (siehe Kapitel Zubehör, S. 140) sind beispielsweise gute, natürliche Stickstofflieferanten. Um es ganz deutlich zu sagen: Ich habe beide Methoden schon ausprobiert und finde, dass sie gleich gut funktionieren. Ich überlasse es Ihnen, welche Sie bevorzugen. Natürlich ist Rasendünger viel günstiger und konzentrierter, aber sonst hat er keinen Vorteil gegenüber den ökologischen Stickstoff-Quellen. Bis zur Mitte der Saison wird man von außen nicht mehr unterscheiden können, welche Strohballen mit Bio-Dünger behandelt wurden und welche mit herkömmlichem Rasendünger.

Ich möchte die Bio-Gärtner unter Ihnen nur darauf hinweisen, dass es keine gute Idee ist, frischen Dung zu verwenden. Obwohl

Mit so einem selbst gemachten Streuer aus einem Plastikgefäß mit in den Deckel gestanzten Löchern kann man den Dünger gleichmäßig auf der gesamten Oberfläche der Strohballen verteilen.

der Dung einige Zeit hat, sich im Strohballen-Garten zu zersetzen und zu kompostieren, kann es sein, dass die Hitze, die sich dabei entwickelt, nicht groß genug ist, um die potentiell schädlichen Bakterien abzutöten. Unsere Hauptsorge gilt dabei dem EHEC und den Kolibakterien, die tödlich sein können, und häufig durch zu frischen Dung übertragen werden. Hühnermist ist eine großartige Stickstoff-Quelle. Aber das, was Sie für die Strohballen verwenden, sollte auf keinen Fall noch wie Dung aussehen oder riechen. Gut kompostierter Mist ist nicht mehr von fetter, schwarzer Erde zu unterscheiden. Dung enthält von sich aus nicht genug Stickstoff, sodass man immer Bio-Dünger hinzufügen muss, um die Bakterien schnell genug zu aktivieren. Die genaue Zusammensetzung von Dung ist schwer festzustellen, darum ist er kein verlässlicher Stickstoff-Lieferant. Wenn Sie also Dung benutzen, mischen Sie ihn zur Hälfte mit einer fertigen Bio-Stickstoff-Quelle Ihrer Wahl.

## Die Strohballen präparieren

### TAG EINS

**Traditioneller Rasendünger:** Liegen Ihre Strohballen in Reihen in der gewünschten Richtung? Dann können Sie jetzt die erste Behandlung mit stickstoffreichem Rasendünger vornehmen. Dazu streuen Sie ca. 100g Dünger gleichmäßig auf die gesamte Oberfläche der Ballen. Sie können dafür jeden beliebigen Rasendünger mit hohem Stickstoffgehalt nehmen, achten Sie aber darauf, dass er keinen Unkrautvernichter enthält.

**Biologische Stickstoff-Quellen:** Wenn Sie gerne Bio-Dünger verwenden möchten, nehmen Sie ca. 600g einer beliebigen Bio-Stickstoff-Quelle (Blutmehl, Federmehl etc.). Sie können auch kompostierten Hühnermist, zu gleichen Teilen mit einer anderen Stickstoff-Quelle gemischt, verwenden. Der in diesen Düngersorten enthaltene Stickstoff ist eine gute Nahrungsquelle für die Mikroorganismen (Bakterien), die dafür zuständig sind, das Stroh im Inneren der Ballen zu zersetzen. Feuchtigkeit ist für die Arbeit der Mikroorganismen von großer Bedeutung, denn das Wasser spült den Dünger in das Innere der Ballen. Ein Sprühkopf ist am besten dafür geeignet, den Dünger tief in die Ballen einzuarbeiten. Wässern Sie, bis Sie das Gefühl haben, dass der Strohballen Wasser und Dünger komplett absorbiert hat und das Wasser unten heraustropft. Bis der Biodünger richtig eingezogen ist, kann es ein Weilchen dauern. Haben Sie also Geduld und lassen das Wasser sein kleines Wunder vollbringen, wenn es die Stückchen auflöst und in den Ballen zu den bereits wartenden Bakterien schwemmt. Diese nehmen den Stickstoff als Nahrung auf und vervielfachen ihre Population. Dann fangen sie an, das Stroh zu zersetzen und nebenbei Stickstoff und andere Nährstoffe zu produzieren.

Schläuche mit Sprühkopf sind praktisch, um den Dünger gut in die Strohballen einzuarbeiten. Die trockenen Ballen saugen am ersten Tag sehr viel Wasser auf, wenn das Stroh noch trocken ist, aber bei den Folgeanwendungen braucht man nur noch ein paar Liter pro Strohballen, bis man das Wasser unten wieder heraustropfen sieht.

## DAS RÄTSEL VOM DUNG

Ich werde häufig gefragt, ob man für Strohballen-Gärten Dung benutzen kann. Ich finde, ja, und empfehle vor allem gut kompostierten Hühnermist – gut kompostiert im Sinne von vollkommen zersetzt. Der Dung muss sich beim Kompostieren so weit erhitzt haben, dass alle Unkrautsamen und Kolibakterien zerstört wurden. Erst dann kann man ihn ohne Risiko für Gemüsepflanzen benutzen. Wenn auf dem Misthaufen schon Unkraut sprießen sollte, kann man sich leicht denken, was passieren würde, wenn man diesen Mist auf die Strohballen aufbringen würde. Da es schwierig ist, den genauen Stickstoffgehalt von Dung einzuschätzen, empfehle ich meist, Dung zusätzlich zu weiteren Bio-Düngern zu verwenden, bei denen auf der Packung angegeben ist, welche Inhaltsstoffe sie haben.

## TAG ZWEI

An diesem Tag müssen die Strohballen noch einmal gründlich gewässert werden, bis sie sich ganz vollgesaugt haben. Ich habe mir angewöhnt, „warmes" Regenwasser oder tags zuvor in Eimer abgefülltes Wasser zum Wässern zu benutzen, da das Wasser aus dem Hahn oft zu kalt ist. Kaltes Wasser verlangsamt den mikrobiologischen Prozess im Inneren der Strohballen, wie kalte Duschen auch bei anderen Spezies die Fortpflanzung beeinträchtigen können.

## TAG DREI

Wieder ca. 100 g Dünger (oder ca. 600 g Biodünger) pro Strohballen auf der Oberfläche verteilen und mit „warmem" Wasser in den Ballen einarbeiten.

## TAG VIER

Noch ein Tag, an dem Sie nur bis zur Sättigung gießen müssen. Das geht schnell, denn es wird nicht mehr so viel „warmes" Wasser nötig sein, bis der Strohballen überläuft, vielleicht 3,5 bis 7 Liter pro Ballen.

## TAG FÜNF

Ein weiteres Mal ca. 100g Dünger (oder ca. 600 g Biodünger) mit „warmem" Wasser in den Ballen hinein spülen.

## TAG SECHS

Wieder nur "warmes" Wasser! Es könnte sein, dass die Ballen jetzt einen leicht süßlichen Geruch verströmen. Falls Ihre Nachbarn Sorge haben sollten: dieser Geruch verfliegt schnell wieder. Wenn man jetzt die Hand oder ein altes Bratenthermometer in einen Ballen steckt, ist wahrscheinlich eine leicht erhöhte Temperatur festzustellen. Sie können auch versuchsweise einen Ballen umkippen und die Unterseite fühlen. Das ist der Anfang des „Arbeitsprozesses" der Bakterien. Die Zersetzung erzeugt später noch erhebliche Hitze, aber jetzt sollte nur eine leichte Wärme fühlbar und der Geruch wahrnehmbar sein. Wenn das nicht der Fall ist, ist das aber kein Grund zur Besorgnis. Es heißt nur, dass die Temperatur bisher noch etwas zu niedrig für das Wachstum der Bakterien war. Bleiben Sie dran, präparieren Sie die Ballen nach Anleitung fertig und alles wird wunderbar klappen – es funktioniert nämlich immer.

## TAG SIEBEN, ACHT UND NEUN

An diesen Tagen geben Sie jeweils täglich ca. 50g Dünger oder ca. 300 g Biodünger auf die Ballen und spülen sie mit „warmem" Wasser ein.

Kreative Ideen zur Bewässerung der Ballen kommen Ihnen von selbst …

Strohballen, die so viel Wasser aufnehmen, vergrößern sich oft und schrumpfen dann wieder, sodass Risse entstehen. Diese Risse füllt man am besten mit fertigem Kompost, Stroh oder sterilem Substrat, damit der Dünger nicht einfach durch den Ballen hindurch gespült wird. (Den Boden unter den Strohballen wollte man schließlich nicht düngen.)

Diese drei Tage sind diejenigen, an denen das Bakterienwachstum am intensivsten ist – wobei auch die Lufttemperatur in dieser Phase eine große Rolle spielt. Machen Sie sich keine Sorgen, wenn Ihre Strohballen sich nicht „warm" anfühlen, findet im Inneren dennoch so einiges an Bakterienwachstum statt. Die Strohballen sind gewöhnlich bis zu 4 °C wärmer als die Lufttemperatur am gleichen Tag. Das bedeutet, dass die Ballen „arbeiten", und dass die Bakterien-Fabrik da drinnen auf vollen Touren läuft. Wenn Sie zum Präparieren Blut- oder Federmehl verwendet haben, könnte es sein, dass Fliegen und andere Insekten den Strohballen umschwirren. Sie kommen wegen der stickstoffreichen Biomasse, die dieser Dünger enthält, und den Fliegen gerne fressen. Die Fliegen verschwinden wieder, wenn der Dünger eingezogen und etwas abgebaut ist.

### TAG ZEHN

Arbeiten Sie noch einmal je 200 g herkömmlichen N-P-K-Mischdünger pro Ballen ein. TIPP: Wenn Sie noch ein angebrochenes Paket Dünger im Schuppen oder in der Garage finden, das hart oder klumpig geworden ist, klopfen Sie die Klumpen einfach klein und benutzen Sie den alten Dünger. Sollte er nicht 100 % ausgewogen N-P-K enthalten, ist das in dieser Phase nicht mehr so schlimm, denn jetzt geht es hauptsächlich um Phosphor und Kalium, die zur Wurzelzone gelangen sollen.

Bitte gehen Sie auch jetzt sicher, dass Sie keine Unkrautvernichtungsmittel mit einarbeiten. Biogärtner verwenden 600 g organischen Phosphor und Kalium. Knochenmehl oder Fischmehl, zu gleichen Teilen mit Holzasche gemischt, ist z.B. eine großartige Kalium-Quelle.

Mittlerweile sind in den Strohballen vielleicht einige „Wasserrutschen" oder Risse entstanden, weil das Wasser sich immer den Weg mit dem geringsten Widerstand durch den Ballen bahnt. Sie sehen aus wie kleine Tunnel im Strohballen. Die größeren Risse sollte man mit Stroh oder Substrat auffüllen. Benutzen Sie bitte keine Erde aus dem Garten, denn dadurch könnten Unkrautsamen oder bodenbürtige Probleme in den Ballen gelangen – genau die Dinge, die wir eigentlich durch den Anbau auf Strohballen umgehen wollen. Sprühen Sie den Bereich in und um diese Risse herum noch einmal extra mit Wasser ein, um den Dünger in die Ballen einzuarbeiten, ohne dass Sie es direkt durch die Tunnel und wieder aus dem Ballen heraus spülen.

Es kann übrigens passieren, dass jetzt an der Außenseite der Ballen Pilze wachsen. Das ist ein gutes Zeichen, denn sie tauchen nur dann auf, wenn das Innere des Ballens sich wunschgemäß zersetzt. Die Pilze sind für das Wachstum der später angebauten Pflanzen ganz unproblematisch. Man kann sie entfernen, wenn man will, aber sie würden wahrscheinlich sofort wiederkommen. Nach einigen Wochen verschwinden sie aber von alleine.

Wenn an den Seitenflächen der Strohballen Pilze wachsen, ist das ein Anzeichen dafür, dass das Innere der Ballen sich nach Wunsch zersetzt. Dies sind KEINE essbaren Pilze! Sie sind aber auch nicht schädlich für Mensch oder Garten und müssen nicht unbedingt entfernt werden. Pflanzen Sie einfach darum herum und Sie werden sehen, dass die Pilze nach ein paar Wochen wieder spurlos verschwinden

## WÜRMER

Würmer sind großartig für den Garten: Sie tragen dazu bei, komplexe Biomasse in wasserlösliche Bestandteile zu zerlegen, die von den Wurzeln der Pflanzen aufgenommen werden können. Wundern Sie sich nicht, wenn in Ihren Strohballen vermehrt Regenwürmer auftreten, denn diese lieben die nährstoffreiche Biomasse, die sie darin vorfinden. Die sich zersetzenden Strohballen sind für die Würmer wie ein 5-Sterne-Hotel – und die Anwesenheit von Würmern bedeutet, dass es auch Wurmspuren gibt. Und ob Sie es glauben oder nicht: Wurmspuren sind eine wunderbare Sache! Sie enthalten viele lösliche Mikronährstoffe, die durch den Verdauvorgang im Inneren des Wurms zu einer Masse geworden sind, die wiederum von den Pflanzen aufgenommen werden kann. Es sind die Würmer, Insekten und Bakterien, die für die Mehrzahl aller Zersetzungsprozesse auf diesem Planet zuständig sind. Wenn wir sie nicht hätten, um tote Biomasse zu fressen, zu verdauen und zu zersetzen, wäre die gesamte Erdoberfläche schon mit einer dicken Schicht toter Biomasse aus Knochen, Bäumen und Tiergerippen bedeckt. Danken Sie also den Ameisen, den Würmern und den Bakterien für die wertvolle Arbeit, die sie jeden Tag leisten!

Erwarten Sie nicht, dass das Innere der Ballen nach 12 Tagen schon wie Kompost oder Substrat aussieht – dies wird nicht der Fall sein. Eventuell werden im Inneren der Ballen kleine schwarze, pfefferähnliche Punkte zu sehen sein. Diese schwarzen Pünktchen sind der Anfang davon, was wir später Erde nennen.

TAG ZWÖLF BIS ACHTZEHN

Im Inneren der Strohballen ist inzwischen eine nährstoffreiche, leicht kompostierte Masse entstanden, die viel wärmer ist als die Temperatur von Luft und Boden außerhalb, da sie noch „arbeitet".

Sie ist frei von Unkraut und Krankheiten. Sie ist voller Würmer und Bakterien und hat eine gute Mikrostruktur, die viel Flüssigkeit speichert, aber überschüssiges Wasser leicht abgeben kann. Einfacher ausgedrückt: ein Paradies für Setzlinge – es wird also Zeit, zu pflanzen! Das Innere der Strohballen hat sein Aussehen noch nicht verändert, aber Sie können sicher sein: es ist bereit, bepflanzt zu werden. Wenn man das Innere der Ballen genau betrachtet, sieht es aus, als habe jemand Pfeffer darin verstreut. Dies ist die erste Entwicklungsstufe auf dem Weg zum Kompost, oder zu „Erde". Wichtig ist, dass die Bakterienpopulation so weit gediehen ist, dass diese damit beginnen, das Stroh zu zersetzen und Stickstoff zu produzieren. Die Bakterien „arbeiten", und die Hitze, die dabei entsteht, wird im „Strohballen-Gewächshaus" genutzt, um das Keimen der Saat zu beschleunigen. Setzlinge gedeihen großartig in den warmen Strohballen, auch wenn es nachts noch sehr kühl ist.

## Kann der Zersetzungsprozess der Strohballen gesundheitsschädlich sein?

Jetzt, wenn das Stroh sich langsam zersetzt, kann es sein, dass auf den Strohballen etwas Schimmel zu erkennen ist. Dieser Schimmel ist ungefährlich, allerdings sollten Allergiker lieber ihren Arzt konsultieren, bevor sie den Ballen zu nahe kommen. Die Ärzte, die ich dazu befragt habe, waren der Meinung, dass dieser Schimmel ungefährlich ist, da die Strohballen sich im Freien befinden und der Wind die meisten Sporen sofort wegträgt, sobald sie entstehen. Im Umgang mit bestimmten Schimmelpilzen, wie zum Beispiel schwarzem Schimmel, ist definitiv Vorsicht geboten, insbesondere, wenn er in geschlossenen Räumen auftritt. Die Gemüsepflanzen absorbieren keinen Schimmel und können ihn auch nicht an die Früchte weitergeben. Meist verschwindet er sehr schnell wieder, oder der Zersetzungsprozess des Strohs findet in so kurzer Zeit statt, dass es gar nicht erst zur Schimmelbildung kommt. Sie können also aus meiner Sicht trotz des Schimmels unbesorgt anfangen zu pflanzen. Waschen Sie nach der Ernte sorgfältig das Obst und Gemüse, das unter Umständen mit Schimmel in Kontakt war.

## Strohballen präparieren auf einen Blick

*Alle angegebenen Mengen gelten pro Strohballen

| ARBEITSTAG | HERKÖMMLI-CHER DÜNGER | BIO-DÜNGER | WASSER |
|---|---|---|---|
| Tag 1 | ca. 100 g | ca. 600 g | wässern bis zur Sättigung |
| Tag 2 | entfällt | entfällt | wässern bis zur Sättigung |
| Tag 3 | ca. 100 g | ca. 600 g | wässern bis Dünger eingezogen |
| Tag 4 | entfällt | entfällt | wässern bis zur Sättigung |
| Tag 5 | ca. 100 g | ca. 600 g | am besten warm wässern |
| Tag 6 | entfällt | entfällt | am besten warm wässern |
| Tag 7 | ca. 50 g | ca. 300 g | am besten warm wässern |
| Tag 8 | ca. 50 g | ca. 300 g | am besten warm wässern |
| Tag 9 | ca. 50 g | ca. 300 g | am besten warm wässern |
| Tag 10 | ca. 200g ausg. N-P-K | ca. 300 g P und K | wässern bis Dünger eingezogen |
| Tag 12 | HEUTE PFLANZEN | Noch 5 Tage warten | alles neu Gepflanzte gießen |

## Erst die Schläuche, dann die Pflanzen

Die Bewässerungsschläuche führt man in der Mitte der Oberflächen der Strohballen entlang. Basteln Sie sich am besten aus Draht ein paar große Heftklammern, um sie in der Mitte der Ballen zu fixieren. Wenn Sie über 40 Strohballen im Garten haben, kann es sinnvoll sein, 2 Bewässerungszonen vom Hauptschlauch abzuleiten. Es ist viel einfacher, die Schläuche zu verlegen, bevor man pflanzt, als sie später um die Pflanzen herum zu legen. Wer in der Lage ist, einen Wecker zu stellen, wird auch keine Schwierigkeiten haben, die Zeitschaltuhr für die Bewässerung zu programmieren. So können Sie als Strohballen-Gärtner unbesorgt verreisen, anders als normale Gärtner, die niemals im Hochsommer wegfahren könnten. Wenn es in ihrer Abwesenheit stark regnen würde, und zusätzlich die automatische Bewässerung anspringen würde, käme es im Garten ganz sicher zu Überschwemmungen mit schlimmen Folgen. Darum muss man sich als Strohballen-Gärtner aber keine Sorgen machen, da das überschüssige Wasser einfach nach unten abläuft. Es ist buchstäblich unmöglich, einen Strohballen-Garten zu überwässern.

Fixieren Sie die Schläuche mit „Heftklammern" aus Draht in der Mitte der Oberseite der Ballenreihen. Sie sollten befestigt werden, bevor Sie pflanzen, denn es ist viel einfacher, um einen Schlauch herum zu pflanzen als ihn um die Pflanzen herum zu verlegen.

# SÄEN UND SETZLINGE *pflanzen*

WENN SIE VORHABEN, selbst gezogene Setzlinge oder Pflänzchen aus dem Gartencenter in Ihre Strohballen einzupflanzen, ist jetzt der richtige Zeitpunkt gekommen. Gemüse, die normalerweise nur in der warmen Jahreszeit gedeihen, wie zum Beispiel Tomaten, Paprika, Melonen, Auberginen, Gurken oder Kürbisse, kann man sehr gut als Setzlinge einpflanzen. Das Klima, in dem Sie leben (und somit auch die Länge Ihrer Pflanzsaison) bestimmt, ob Sie mit Setzlingen arbeiten müssen oder selbst aussäen können. Wer Setzlinge pflanzen will, kann dieses Mal ruhig zu den etwas kleineren greifen; sie kosten weniger und die zusätzliche Wärme, die in den „arbeitenden" Strohballen entsteht, beschleunigt am Anfang der Saison besonders ihr Wachstum. Schon bald werden die winzigen Setzlinge in den Strohballen die größeren Pflanzen in den Nachbargärten überflügeln. Denn die Wurzeln der Pflänzchen in den Strohballen werden es durchschnittlich 29 °C warm haben, während die Erde am gleichen Tag im Schnitt nur 20–25 °C hat.

*Gegenüber:* Setzlinge kann man direkt ins Stroh einpflanzen. Samen brauchen ein Saatbett aus einer Lage sterilem Substrat, um keimen zu können.

Stechen Sie mit Ihrer Pflanzkelle ein Loch in den Strohballen, indem Sie die Kelle vor und zurück bewegen. Manchmal muss man mit einer Zange etwas Stroh herausholen, um Platz für die kleinen Setzlinge zu machen.

### Eingegraben

Die Setzlinge werden direkt in die Oberfläche der Strohballen eingepflanzt. Stechen Sie dazu rechts und links von den Bewässerungsschläuchen Öffnungen mit der Pflanzkelle aus. Diese müssen groß genug sein, um die gesamten Wurzelballen der Pflänzchen unterzubringen, ohne dass diese beschädigt werden. Wenn die Ballen sehr fest gepresst sind, kann es sein, dass man mit einer Zange etwas Stroh herausziehen muss, um Platz zu schaffen.

### Die Hitze in den Strohballen

Da es in den Strohballen ziemlich heiß werden kann, unter Umständen zu heiß für die zarten Setzlinge, sollte man die Temperatur messen, bevor man pflanzt. Dazu kann man ein altes Bratenthermometer benutzen, oder, wenn man keines hat, auch mit der Hand fühlen. Es sollten nicht mehr als 40 °C sein, und mit der Hand sollte sich der Strohballen nicht heißer als warmes Badewasser anfühlen. Lieber zur Sicherheit noch 1 bis 2 Tage abkühlen lassen. Für die Saat spielt die Temperatur keine Rolle, sodass Sie an jedem beliebigen Tag nach Tag 12 aussäen können, egal wie groß die Hitze im Ballen ist.

### Alle Töpfchen entfernen

Es ist empfehlenswert, die Setzlinge von ihren kleinen Pflanzgefäßen zu befreien. Sie behindern das Wachstum der Wurzeln, auch wenn es sich um „Torftöpfchen" handelt. Schneiden Sie die Töpfe vorsichtig ab. Wenn man versucht, die Pflanze aus dem Topf herauszuschütteln, werden die zarten Wurzeln gelockert oder zerstört. Gerade junge Gemüsepflanzen reagieren empfindlich auf zu raue Behandlung, und es kann das Wachstum der Pflänzchen erheblich verlangsamen, wenn man die Wurzeln beschädigt. Pflanzen Sie die Setzlinge rasch ein, und geben Sie ihnen eine Portion frisches Wasser.

Ich entferne immer alle Töpfe, selbst die Torftöpfchen, die angeblich nach dem Einpflanzen wie von Zauberhand verschwinden sollen, es aber nie tun. Bei jungen Setzlingen kann sich jeglicher Widerstand, auf den die jungen Wurzeln treffen, nur negativ auswirken, entfernen Sie also vorsichtig auch die Torftöpfchen.

## Setzlinge umpflanzen

Alle freiliegenden Wurzeln und Pflanzlöcher müssen mit Substrat bedeckt werden. VERWENDEN SIE NIEMALS GARTENERDE hierfür, denn Sie würden damit Unkrautsamen, eventuelle bodenbürtige Krankheiten oder andere Erreger auf diesen vormals sterilen Strohballen aufbringen.

## Substrat als Saatbett

Wenn man Gemüse anbaut, das in der kühleren Jahreszeit gedeiht (wie Erbsen, Bohnen, Möhren oder Salat), sät man es in einer Schicht Substrat auf den Strohballen aus. Das Substrat speichert die Feuchtigkeit und hält die Samen an Ort und Stelle, wenn sie keimen, und schließlich Wurzeln in den Ballen schlagen. Bereiten Sie ein Saatbett aus sterilem Substrat (verwenden Sie keine Erde!) auf der Oberfläche der Strohballen. Häufig enthält das Substrat bereits einen langsam freisetzenden Dünger, der nach der Keimung Nährstoffe für die jungen Setzlinge bereitstellt. Häufen Sie das Substrat auf die Oberfläche der Ballen und drücken Sie es auf der Ballenoberfläche zu einer 2,5 bis 5 cm hohen Schicht fest, die von Kante zu Kante reicht.

Die Wurzeln der Setzlinge sollten mit sterilem Substrat bedeckt werden, sodass sie nicht der Luft ausgesetzt sind.

Häufen Sie das Substrat auf die Oberfläche der Strohballen über den Bewässerungsschlauch. Benutzen Sie ein Holzbrett, um es flachzudrücken, sodass eine 2,5 bis 5 cm hohe Schicht entsteht, von der die Oberfläche voll-kommen bedeckt wird.

Wässern Sie die neuen Setzlinge, um sicherzugehen, dass die Wurzeln von Substrat umschlossen sind, sodass keine Luft daran kommen kann. Freiliegende Wurzeln trocknen leicht aus, was bei den zarten Pflänzchen zu einem schweren Umsetzungs-Schock führen kann.

## Schlaue Samentütchen

Auf den Rückseiten der kleinen Tüten, in denen Pflanzensamen verkauft werden, sind immer Empfehlungen für Pflanztiefe und Pflanzabstand vermerkt. Diese Empfehlungen fallen oft sehr unterschiedlich aus, nicht nur von Gemüse zu Gemüse, sondern auch von Hersteller zu Hersteller. Wir haben am Ende dieses Kapitels eine Pflanztabelle für die gängigsten Gemüsesorten aufgestellt. Säen Sie im Schachbrettmuster aus und halten Sie sich an den auf dem Samentütchen empfohlenen Pflanzabstand. Die aufgegangenen Keimlinge muss man später vereinzeln, indem man alle bis auf einen pro Pflanzquadrat mit einer guten Schere abschneidet. Dies funktioniert besonders gut bei Möhren und anderen kleinen Samen wie Salat und Spinat, wo es so gut wie unmöglich ist, nur einen Samen pro Pflanzloch auszusäen. Das Saatbett auf den Strohballen ist angenehm warm, sodass die Pflänzchen sehr schnell wachsen, wenn die Saat erst einmal aufgegangen ist. Man kann viele Gemüsearten mehrmals pro Saison anbauen. Säen Sie einfach sofort wieder neu aus, wenn Sie zum Beispiel beim Abernten von Salat die Wurzeln der Salatpflanzen ziehen. Das gilt auch für die meisten anderen Blattgemüsesorten wie Kohl, Senf, Mangold, Spinat und Grünkohl. Weitere Gemüse, die man wieder neu aussäen kann, sind Erbsen, Brokkoli, Blumenkohl, Rote Bete, grüne Zwiebeln und Weißkohl. Wenn man gleich am Erntetag oder sogar schon eine Woche vorher wieder neu aussät, ist die zweite Ernte gesichert.

## Samen einlagern

Man muss nicht immer alle Samen sofort verbrauchen. Wenn Reste übrig bleiben, halten diese sich am besten in einem luftdichten Behälter im Kühlschrank. Es ist sinnvoll, ein Päckchen Trockenmittel (Silica oder Kieselerde), oder ein paar Teelöffel Milchpulver in Küchenkrepp eingeschlagen und gut mit Tesafilm verklebt, mit dazu zu legen. So bleiben die Samen kühl und trocken, was ihre Lebensdauer um ein Vielfaches verlängert. Nach drei bis vier Jahren können die Samen auch entsorgt werden, da ihre Keimungsrate sich dann deutlich verringert. Datieren Sie Ihre angebrochenen Päckchen vor dem Einlagern, sodass Sie einen Überblick behalten, was wann weggeworfen werden muss.

## Mutter Natur kann ganz schön frostig sein

Ich persönlich habe mir angewöhnt, bis zu zwei Wochen vor der üblichen Pflanzzeit meinen Garten startbereit zu machen – was für Minnesota, wo ich lebe, genau richtig ist. Ich würde mir nicht anmaßen, für Sie ein Datum festzulegen, denn es kommt darauf an, auf welchem Längen- und Breitengrad Sie leben, und wie die örtlichen klimatischen Bedingungen sind. Grund-

Es spart eine Menge Arbeit, wenn man während der Wintermonate „Samenpapier" aus Küchenkrepp vorbereitet. Der Pflanzabstand wird perfekt, sodass man nach dem Keimen nicht vereinzeln muss. Die kleinen Samenkörnchen sind auf dem Küchenkrepp viel besser zu sehen als auf dem Substrat. Und für Leute mit großen, ungeschickten Händen wie mich ist das eine große Erleichterung.

## „SAMENPAPIER" AUS KÜCHENKREPP BASTELN

Wenn der Winter lang und dunkel ist, lässt sich die Winterdepression mit diesem kurzweiligen und sinnvollen Projekt vertreiben, das außerdem im Frühjahr eine Menge Zeit spart. Um selbst Samenpapier für die kommende Pflanzsaison herzustellen, brauchen Sie einlagiges Küchenkrepp (oder zweilagiges, auseinander gezogen). Mischen Sie Mehl und Wasser zu gleichen Teilen und machen Sie mit einem Pinsel gleichmäßig in Reihen angeordnete Kleckse auf das Küchenkrepp. Setzen Sie mit einer Pinzette je ein Samenkörnchen auf jeden Klecks. Damit ist der genaue Pflanzabstand für Ihre Pflänzchen im Frühjahr festgelegt. Achten Sie darauf, dass Sie die gesamte Papierfläche ausnutzen und bis zur Kante des Papiers Samen aufkleben, da die Oberfläche der Strohballen breiter ist als das Küchenkrepp. Messen Sie die Länge der Strohballen, sodass Sie wissen, wie lang das Samenpapier werden muss. Wenn Sie die Samen verteilt haben, legen Sie eine zweite Schicht Küchenkrepp darauf und drücken Sie diese fest. Das Papier trocknet, und die Samen bleiben an Ort und Stelle. Beschriften Sie das Küchenkrepp mit der benutzten Samensorte und rollen Sie es ein. Lagern Sie es kühl und trocken, bis Sie pflanzen möchten. Am Pflanztag legen Sie das Papier einfach aus.

sätzlich kann man in einem Strohballen-Garten mindestens zwei Wochen vor dem sonst üblichen Pflanzzeitpunkt beginnen. Der Grund dafür, dass wir im Strohballen-Garten so viel früher pflanzen können, ist das „Gewächshaus", das wir gleich nach dem Pflanzen bauen. Mehr dazu im entsprechenden Kapitel.

Rollen Sie Ihr Küchenkrepp-Samenpapier einfach auf einer 2,5 cm dicken Schicht Substrat auf der Oberfläche der Strohballen aus, und bedecken Sie es dann mit ausreichend Substrat, um die erforderliche Pflanztiefe zu gewährleisten. Gießen Sie nach dem Aussäen großzügig, dadurch löst sich das Küchenkrepp einfach auf.

Auf einem noch warmen Strohballen zu pflanzen, der schon seit 2 Wochen „arbeitet", ist wirklich ein Kinderspiel. Häufen Sie ein 2,5 bis 5 cm hohes Saatbett aus Substrat auf und pflanzen Sie direkt hinein. BENUTZEN SIE KEINE ERDE, damit Sie keine Unkrautsamen oder bodenbürtige Krankheiten einführen; schließlich ist der Strohballengarten extra dafür gedacht, diesen Problemen aus dem Weg zu gehen.

### *Tipp*

#### EINE NÜTZLICHE PFLANZHILFE

Man kann mit den Kunststofftabletts, in denen im Gartencenter Pflänzchen transportiert werden, ein sehr präzises Pflanzmuster in die zu bepflanzende Oberfläche drücken. Pflanzabstände sind für das gesunde Wachstum der meisten Pflanzen sehr wichtig.

### Diese Pflänzchen machen den Anfang

Sobald die Strohballen bereit sind, sollte man mit den Gemüsearten anfangen, die am wenigsten empfindlich gegen leichten Frost sind: Brokkoli, Rosenkohl, Weißkohl, Kohl, Knoblauch, Rettich, Grünkohl, Kohlrabi, Lauch, Zwiebeln, Erbsen, Radieschen, Schalotten, Spinat und Rüben. Falls es doch zu kalt werden sollte, müssen die Pflänzchen abgedeckt werden. Sie sind hart im Nehmen, aber weniger als -7 °C würden auch sie nicht aushalten.

## Etwas später dran

Bei diesen Gemüsearten sollte man noch etwas abwarten, da sie sehr viel empfindlicher auf Frost reagieren: Rote Bete, Möhren, Blumenkohl, Sellerie, alle Mangoldarten, Chinakohl, Endivien, Salat, Senf, Pastinaken und Kartoffeln. Dennoch können Sie dank Ihrer PE-Folie 2 Wochen vor dem üblichen Termin pflanzen. Da manche dieser Gemüse schon 3 Wochen nach der Aussaat geerntet werden können, haben Sie gute Chancen, in diesem Jahr der erste Gärtner weit und breit zu sein, der selbst gezüchteten Salat auf dem Teller hat.

## Erst nach dem letzten Frost

Die folgenden Gemüsesorten werden normalerweise erst dann gepflanzt, wenn es warm wird: Zuckermelonen, Gurken, Auberginen, Limabohnen, neuseeländischer Spinat, Paprika, Riesenkürbis, Brechbohnen, Kürbis, Süßkartoffeln, Tomaten und Wassermelonen. Aber auf den Strohballen und unter dem Dach des Strohballen-Gewächshauses haben es auch empfindliche Pflänzchen ganz sicher warm genug. Sollten die Temperaturen tatsächlich noch einmal unter Null sinken, packen Sie diese kälteempfindlichen Pflanzen zur Sicherheit etwas ein.

*Links unten:* Erdbeeren können wie einjährige Pflanzen behandelt und früh eingepflanzt werden. Sie wachsen schnell an und sind in der gleichen Saison schon äußerst ertragreich

Ihre Strohballen bieten einen hübschen Anblick, wenn Sie in die Seitenflächen eine Reihe einjähriger Blumen pflanzen.

## Probieren Sie aus, ob es wächst

Es gibt bestimmt auch Gemüsesorten, die ich hier nicht erwähnt habe, deren Anbau sich aber durchaus lohnen würde! Der Strohballen-Garten ist eigentlich für buchstäblich alle Pflanzen geeignet. Die fertig präparierten Ballen bieten: fruchtbares Pflanzmedium, einen ausgeglichenen PH-Wert, genügend Feuchtigkeit, eine richtig gute Drainage für die Wurzelzone, in der sich genügend Luftkammern für gutes Wurzelwachstum befinden – ergo ein Umfeld, in dem buchstäblich jede junge Pflanze wunderbar gedeihen würde.

## Nicht, dass sie nicht wachsen würden ...

Dennoch: Es gibt erfahrungsgemäß auch Gemüsesorten, deren Anbau auf Strohballen einfach keinen Sinn hätte. Dazu gehört aufgrund seiner riesigen Wurzeln der Mais. Man könnte in einem Strohballen höchstens zwei Maispflanzen unterbringen, was einen Ertrag von 4 Maiskolben pro Saison bedeuten würde – keine besonders gute Investition, weder in Bezug auf Geld, noch auf Zeit, noch auf Arbeit. Dann gibt es noch Gemüse, von denen ich die Finger lassen würde, weil sie immer wieder aus der gleichen Mutter-Wurzel herauswachsen: Spargel, Artischocken und Rhabarber. Die mehrjährigen Wurzeln müssten in einen neuen Ballen verpflanzt werden, was ihnen meist nicht besonders bekommt. Sie brauchen Zeit, um an dem Ort, an dem sie eingepflanzt wurden, zu gedeihen. Erdbeeren dagegen sind auch mehrjährig, aber bei ihnen liegt der Fall anders.

## Erdbeeren, auf Englisch „Strohbeeren"

Erdbeeren wachsen wirklich wie wild auf Stroh, und obwohl sie auf Deutsch nicht so heißen, wäre „Strohbeeren" doch der passende Name. Sie schlagen sofort Wurzeln und tragen auch gleich Früchte, sodass es sich rechnet, jedes Jahr neue Pflanzen zu besorgen. Man kann Erdbeeren viel einfacher pflegen und ernten, wenn sie auf Strohballen gezüchtet werden, was die kleine Investition in neue Pflänzchen im Frühjahr auf jeden Fall wettmacht. Viele Gärtner betrachten Erdbeeren als mehrjährige Pflanzen, was sie in den Vereinigten Staaten auch größtenteils sind. Man kann sie überwintern und im Frühjahr auf neue Ballen umpflanzen, wenn es Ihnen nichts ausmacht, sie zweimal umzusetzen. Erdbeeren schicken ihre Triebe auch zu den anderen Ballen hinüber und versuchen, dort Wurzeln zu schlagen. Diese Triebe sollte man zur Mutterpflanze zurück lenken oder abschneiden, da sie sonst bis zu drei Strohballen in Beschlag nehmen.

## Röckchen für Ihren Strohballen-Garten

Das Lob für die Idee, auch in die Seitenflächen der Strohballen Blumen zu pflanzen, gebührt eindeutig meiner Mutter. Sie mochte meine Strohballen zwar, aber nach einer Weile fand sie, dass sie unansehnlich geworden waren. „Kannst du deinen Garten nicht ein bisschen hübscher machen?" fragte sie und dadurch kam ich auf die Idee mit den Blumen in den Seitenflächen. Innerhalb eines Monats hatte ich den Beweis, dass sie dort sehr gut gedeihen, und außerdem toll aussehen. Das „Blumenröckchen", das die Strohballen bekränzt, addiert Farbe und Schönheit zur Funktionalität des Gartens. Es gibt zahlreiche einjährige Blumenpflanzen, die auf Strohballen wunderbar gedeihen: Sie können es mit fleißigen Lieschen, Petunien, Ringelblumen, Immergrün und Salbei versuchen. Wählen Sie kleinwüchsige Sorten, damit die Blümchen Ihrem Gemüse keine Sonne wegnehmen.

Pflanzen Sie ein paar Schnittblumen in Ihre Strohballen, und Sie werden den ganzen Sommer Freude daran haben.

## Frische Blumen für die Vase

Zusätzlich zu den kleinen Blumen, die man in den Seitenflächen der Strohballen ziehen kann, kann es auch reizvoll sein, größere Schnittblumen auf den Oberflächen selbst zu züchten. Nichts ist schöner, als zu Hause eine Vase mit frischen Blumen auf den Tisch zu stellen, und nichts ist toller, als sie selbst zu züchten. Wenn wir im Sommer Freunde besuchen, bringe ich immer einen frischen Blumenstrauß aus dem Garten mit. Auf Strohballen wachsen zum Beispiel: Astern, Hahnenkamm, Kosmeen, Sonnenhüte, Skabiosen, Strandflieder, Sonnenblumen oder Zinnien. Daraus kann man alle paar Tage wunderhübsche Sträuße zusammenstellen. Sie wären überrascht, wie viele Blumen man auf ein oder zwei Strohballen unterbringen kann. Nach dem Schneiden ziehen Sie die Wurzel einfach heraus und schaffen Platz für neue Blumenpflänzchen.

## Blumenzwiebeln jetzt ganz einfach

Man pflanzt die Blumenzwiebeln in den Strohballen ein, die im Sommer blühen und gedeihen. Nach der Blütezeit verdorrt die Pflanze allmählich. Am Ende der Saison holt man die Zwiebeln einfach wieder heraus, teilt sie und lagert sie über Winter ein, bis es im Frühjahr Zeit ist, sie wieder einzupflanzen. Ich habe mit Gladiolen, Dahlien, Mondbretien, Kaladien, Lilien und Calla gute Erfahrungen gemacht.

*Tipp*

### SUPER-BLUMENWASSER

Wussten Sie schon, dass Schnittblumen bis zu dreimal länger halten, wenn man die Stiele unter fließend warmem Wasser nachschneidet? Außerdem kann man folgendes Blumenwasser anmischen, damit sie schön lange frisch bleiben: 1/4 l Zitronenlimonade mit 1/4 l heißem Wasser und einem 3/4 vollen Teelöffel Bleichmittel (z. B. DanKlorix). Spülen Sie die Vase alle 2 bis 3 Tage aus, schneiden Sie die Blumen um 1,5 cm nach und stellen sie dann zurück ins Super-Blumenwasser. Das Bleichmittel verhindert, dass die Vasen den typischen unangenehmen Geruch bekommen, den Blumenwasser sonst immer nach einigen Tagen hat.

# Pflanzabstände im Strohballen

| PFLANZE | PFLANZABSTAND | PFLANZEN PRO BALLEN | ERNTEN PRO SAISON |
|---|---|---|---|
| Aubergine | 45 – 60 cm | 3 | 1 |
| Basilikum | 25 – 30 cm | 6 | 1 |
| Blattsalat | 10 – 15 cm | 30 | 4+ |
| Blumenkohl | 38 – 45 cm | 4 | 2 |
| Brokkoli | 30 – 45 cm | 5 | 2 |
| Brunnenkresse | 5 cm | 60 | 2 |
| Buschbohnen | 10 – 15 cm | 30 | 1 |
| Chili | 30 – 35 cm | 4 | 1 |
| Chinakohl | 25 – 30 cm | 8 | 2+ |
| Endiviensalat | 38 – 45 cm | 4 | 3+ |
| Erbsen | 5 – 10 cm | 44 | 2 |
| Feldsalat | 10 – 15 cm | 30 | 2 |
| Grünkohl | 38 - 45 cm | 4 | 2 |
| Gurken | 30 – 45 cm | 4 | 1 |
| Kartoffeln | 25 – 30 cm | 3 | 1 |
| Knoblauch | 12 cm | 34 – 40 | 1 |
| Kohl | 30 – 38 cm | 5 | 2+ |
| Kohlrabi | 15 – 22 cm | 12 | 1 |
| Kopfsalat | 25 – 30 cm | 8 | 2 |
| Lauch | 7,5 – 15 cm | 30 | 1 |
| Limabohnen | 10 – 15 cm | 30 | 1 |
| Mais | nicht empfohlen für Strohballen | | 1 |
| Mangold, rot | 15 – 22 cm | 12 | 2+ |

| PFLANZE | PFLANZABSTAND | PFLANZEN PRO BALLEN | ERNTEN PRO SAISON |
|---|---|---|---|
| Melonen | 45 – 60 cm | 3 | 1 |
| Möhren | 5 – 7,5 cm | 48 | 2 |
| Okra | 30 – 45 cm | 5 | 1 |
| Paprika | 30 – 38 cm | 4 | 1 |
| Radieschen | 5 – 7,5 cm | 60 | 3 |
| Riesenkürbis | 60 – 91 cm | 2 | 1 |
| Rote Bete | 5 – 10 cm | 48 | 2+ |
| Rosenkohl | 38 – 45 cm | 4 | 1 |
| Rucola | 5 cm | 60 | 3 |
| Rüben | 10 – 15 cm | 30 | 2 |
| Senf | 15 – 22 cm | 20 | 3 |
| Sommerkürbis | 45 – 60 cm | 3 | 1 |
| Spargel | nicht empfohlen für Strohballen | | 1 |
| Spinat | 10 – 15 cm | 30 | 3 |
| Stangenbohnen | 15 – 30 cm | 16 | 1 |
| Steckrüben | 15 – 22 cm | 12 | 1 |
| Süßkartoffeln | 30 – 35 cm | 4 | 1 |
| Tomaten | 45 – 60 cm | 2 | 1 |
| Weißkohl | 38 – 45 cm | 4 | 2 |
| Winterkürbis | 60 – 91 cm | 2 | 1 |
| Zucchini | 45 cm | 3 | 1 |
| Zwiebeln | 5 – 10 cm | 48 – 60 | 1 |
| Zwiebeln, grün | 5 cm | 60 | 3+ |

# DAS STROHBALLEN-
# *Gewächshaus*

EINER DER GRÖSSTEN VORTEILE des Strohballen-Garten-systems ist, dass Sie beim Pflanzen mindestens 2 Wochen Vorsprung haben. Das liegt an der Hitze die sich im Inneren der Ballen entwickelt, wenn sich das Stroh zersetzt. Diese Wärme kann man besonders effizient ausnutzen, wenn man zusätzlich ein „Gewächshaus" aufbaut. Ich habe es für die standardmäßig angeordneten Strohballengärten entwickelt. Am besten installiert man das abnehmbare „Dach" gleich nach dem Pflanzen.

Dieses besteht aus einer dünnen, durchsichtigen Polyethylenfolie, die über den untersten Draht der Rankhilfe gelegt wird. Durch die Folie wird die Wärme, die der „arbeitende" Ballen entwickelt, innen eingefangen, sodass es die neuen Pflänzchen und Setzlinge schön warm haben. Obwohl die Außentemperatur nachts, und manchmal auch tagsüber, für die zarten Pflänzchen gefährlich werden könnte, wird ihnen im von unten beheizten Saatbett unter dem Folienzelt nichts passieren.

*Gegenüber:* Ziehen Sie die PE-Decke über die frisch ausgesäten Saatbetten oder Setzlinge, um sie vor den niedrigen Temperaturen in der Nacht zu schützen. Die Folie hält auch Rehe, Kaninchen und den Wind ab, die den zarten Pflänzchen schaden könnten, wenn sie ihre Köpfe aus dem Strohballen heraus strecken.

Die Hitze, die der Strohballen unten produziert, bleibt unter dem Zelt, sodass die umgepflanzten Setzlinge es schön warm haben, auch wenn die nächtlichen Temperaturen unter den Nullpunkt sinken.

An warmen Tagen, wenn es den Pflänzchen unter der Decke zu heiß werden würde, öffnet man diese einfach und befestigt sie am Pfosten. Wenn der Wetterbericht mehr als 18 °C verspricht, ist es besser, die Folie wegzunehmen. Sinken die nächtlichen Temperaturen wieder unter 7 °C, ist es sinnvoll, die Setzlinge zuzudecken.

### Die Folie wandert mit den wachsenden Pflanzen nach oben

Schon bald haben die wachsenden Setzlinge und Pflänzchen die PE-Decke erreicht. Sie sollten sie so niedrig wie möglich halten, denn je größer der Raum im Folienzelt ist, desto mehr Luft muss innen durch den „arbeitenden" Strohballen erwärmt werden. Legen Sie die Folie immer erst dann über den nächst höheren Draht, wenn die Pflanzen an die Decke des Zeltes stoßen.

### Nehmen Sie die PE-Folie an warmen Tagen ab

Tagsüber kann es unter dem PE-Zelt ziemlich warm werden, wenn die Sonne scheint. Ab mehr als 18 °C und Sonnenschein sollten Sie die Folie morgens aufmachen. Sie kann dann bis auf weiteres offen bleiben, es sei denn, die Temperaturen sinken bis auf unter 7 °C. Dann müssen die Pflänzchen wieder zugedeckt werden, bis es wärmer wird. Dieses System ist erprobt, und Sie werden überrascht sein, wie selten Sie die Folie innerhalb einer Saison tatsächlich auf- oder zumachen müssen. Die Folie hat übrigens einen weiteren Nutzen: Sie schützt das Saatbett vor starken Regenfällen oder hungrigem Wild auf der Suche nach der nächsten Salatbar.

### Gitterplane ist eine gute Alternative

Wenn Sie in einer Gegend leben, wo es selten kälter als 0 °C wird, können Sie auch Gitterplane nehmen, um die Strohballen zu schützen. Diese Plane atmet besser als die Folie, hält aber die Hitze von den „arbeitenden" Strohballen trotzdem gut.

Es gibt diese Plane in verschiedenen Breiten. Besorgen Sie am besten so viel, dass die Strohballenreihen der Länge nach bedeckt sind. Man kann die Plane viele Jahre lang verwenden und sie kostet auch nicht viel, sodass es sich durchaus lohnen kann, sie anzuschaffen, wenn es schon früh im Jahr warm und es unter der PE-Decke zu heiß wird. Ich fange meist sehr früh im Jahr, wenn die Nächte noch sehr kalt sind, mit zwei Lagen Folie an, und nehme dann nach einer Woche eine davon ab. Wenn es dann nach weiteren ein bis zwei Wochen tagsüber über 18°C warm wird, gehe ich zur Plane über. Manche Planen lassen bis zu 95% der Sonnenstrahlen durch, und doch bleiben Ihre Pflänzchen vor den Insekten, den Vögeln und den Wildtieren auf der Suche nach einem Imbiss geschützt.

## In kalten Nächten heißt es gut zudecken

Wenn die Lufttemperatur sich bei Null aufwärts einpendelt, müssen Sie das Gewächshaus nicht mehr so warm zudecken. Wenn die Temperatur aber wieder unter Null sinkt, packen Sie die Strohballen lieber gut ein. Stecken Sie die Folie fest unter die seitliche Schnürung der Ballen und wickeln Sie die Enden so um die Pfosten, dass der Wind nicht unter die Abdeckung kommt. Wenn die Ballen zu fest geschnürt sein sollten, sodass Sie die Abdeckung nicht unterschieben können, packen Sie am besten den ganzen Ballen ein.

Wenn die Lufttemperatur droht, weit unter Null zu sinken, stecken Sie die Seiten und Enden Ihrer Abdeckung gut fest, damit die kalte Luft draußen bleibt.

Ziehen Sie die Schnur ordentlich fest. So bleiben die Strohballen schön warm und Ihre Setzlinge haben ein gemütliches Gewächshaus, obwohl die Außentemperatur weit unter Null liegt. Die meisten Strohballen-Gärten verbringen ihre ersten 4 bis 5 Lebenswochen unter dieser Abdeckung, wo es um die Wurzeln herum schön warm ist. Das gibt den Pflanzen einen großen Vorsprung. Ein Blick in die herkömmlichen Gärten in der Nachbarschaft wird Sie verblüffen, denn der Größenunterschied zu Ihren Pflanzen wird erheblich sein. Das liegt einfach daran, dass die Erde normalerweise immer um ein paar Grad kälter ist als die Wurzelzone in Ihren Strohballen. Natürlich bedeutet das auch, dass Sie früher ernten können, und dass Ihre Ernte im Herbst vor frühem Frost sicher ist. Wenn trotzdem überraschend Frost angesagt werden sollte, schließen Sie einfach wieder das Folienzelt über dem gesamten Rankgitter und decken Sie Ihren Garten warm zu. Dadurch ist alles vor der Kälte geschützt und Ihre Pflanzen bekommen nochmals einige Wochen Zeit, in Ruhe zu reifen.

## Kein Gas, keine Elektrizität – hier heizen nur Bakterien

In herkömmlichen Gewächshäusern gibt es mit Gas oder Strom betriebene Heizungen, die per Thermostat geregelt werden und verhindern, dass die Temperatur unter eine bestimmte Zahl sinkt. Unser Strohballen-Gewächshaus braucht keine zusätzliche Wärmequelle, denn es wird selten so kalt, dass es Probleme gibt. Die Bakterien geben sehr viel Hitze ab, wenn sie das Stroh verdauen und kompostieren. Legen Sie ein Thermometer auf den Ballen unter die Plane, um einen Eindruck von der Temperatur zu haben, die drinnen herrscht. Für gewöhnlich ist es ein paar Grad wärmer als draußen, auch an sonnigen Tagen.

## Bei Temperatursturz gut zudecken

Wenn die Wettervorhersage wieder winterliche Temperaturen verspricht, lege ich einfach eine zweite Schicht PE-Folie über den nächst höheren Rankdraht. Unter diesem doppelten Zelt aus Polyethylen wird eine Luftschicht eingefangen, und diese stehende Luft hat eine unglaublich gute isolierende Wirkung. So bleibt es im Gewächshaus weiter warm und gemütlich, während von unten die Bakterien heizen.

## Deckel auf die Saat

Gleich nach der Aussaat braucht das zarte Saatbett Schutz. Wenn die Strohballen nicht mit Folie abgedeckt sind, können Sie auch durchsichtige Kunststoffdeckel darauf legen, zwei auf jeden Ballen. Diese Deckel halten einen Teil der Hitze zurück, die im Inneren der Strohballen produziert wird, schützen die Saat aber auch vor anderen Gefahren, wie zum Beispiel starken Regenfällen, kalter Luft oder Wildtieren, die auf der Suche nach einem Imbiss sind. Basteln Sie sich ein paar große Heftklammern aus Draht, die Sie wie Haarnadeln durch die Deckel in die Strohballen stecken, um diese zu fixieren. Diese Deckel sind meist ca. 5 cm tief, sodass Ihre Setzlinge genug Platz haben, ein paar Blätter nach oben und Wurzeln nach unten zu treiben, bevor Sie ihn entfernen. Wenn Sie den Bewässerungsschlauch bereits installiert haben, brauchen Sie nicht zusätzlich zu gießen. Die Deckel können an Ort und Stelle bleiben, bis die Setzlinge groß genug sind, oder es einfach zu heiß dafür wird.

## Die Abdeckung geht, das Vogelschutznetz kommt

Wenn Sie Ihre Folie oder Plane für den Sommer abnehmen, ist es keine schlechte Idee, sie durch ein Vogelschutznetz zu ersetzen. Wie der Name schon sagt, ist es dazu da, Vögel von Ihren Pflanzen fernzuhalten, außerdem eignet es sich auch als Schutz vor Kaninchen oder Wild, die in Ihrem Garten erheblichen Schaden anrichten können. Ich werfe das Netz normalerweise über das Kantholz oben am Rankgitter, sodass es auf beiden Seiten bis zum Boden fällt. Es gibt diese Netze in vielen verschiedenen Größen. Ich empfehle Ihnen die 5 m breiten in entsprechender Länge für Ihre Strohballenreihe. Ich bevorzuge die mit 8-mm-Gitter, denn sie funktionieren für meine Zwecke (Schutz vor Vögeln, Kaninchen und Wild) am besten.

Anstelle der PE-Folie eignen sich auch die durchsichtigen Saatdeckel gut zum Schutz der zarten Pflänzchen. Stechen Sie gebogenen Draht wie große Haarnadeln in die Strohballen und durch die Deckel, um sie zu fixieren.

# Querschnitt durch einen Strohballen-Garten (5 Ballen)

Zaunpfosten aus Stahl

Riesenkürbis

5 x 10 cm x 6 m

Gurken

25 cm

25 cm

25 cm

25 cm

25 cm

25 cm

Ringelblumen

25 cm

einfach gespannter Draht

doppelt gespannter Dra

Salat

Bewässerungs-schlauch

20 cm

55 cm

Basilikum

Zwiebeln

Riesenkürbisranken mit Früchten

Kartoffeln

Tomaten

Stangen-
bohnen

Ringelblumen

Kohl

Lila
Basilikum

Möhren

Basilikum

Gartenvlies oder anderes Abdeckmaterial

# IHR STROHBALLEN-GARTEN NIMMT

## *Gestalt* AN

FAST ALLE BÜCHER, die ich jemals zum Thema Gemüseanbau gelesen habe, handeln zu einem nicht unwesentlichen Teil von Unkraut. Man soll es jäten, hacken, einsprühen, abdecken, schneiden oder umbringen – mit jedem zur Verfügung stehenden Mittel. Meine Oma Josephine antwortete jedes Mal, wenn wir Enkel uns über das Unkraut beschwerten: „Ohne das Unkraut wären alle Menschen Gärtner!" Wenn Sie saubere Strohballen gekauft, steriles Substrat für Ihre Saatbetten benutzt und die Zwischenräume zwischen den Ballenreihen mit Gartenvlies abgedeckt haben, wird dies wahrscheinlich der erste Sommer sein, in dem Sie Gemüse anbauen können, ohne sich mit Unkraut zu beschäftigen. Wenn Sie aber trotzdem einige wenige Unkrautpflanzen bemerken, die sich aus den Nachbargärten bei Ihnen ausgesät haben, sollten Sie ihnen schnell zu Leibe rücken. Planen Sie dafür etwa 30 Sekunden pro Ballen pro Saison ein – das sollte reichen. Das war's. Mehr habe ich zu Unkraut nicht zu sagen. Das ist einfach kein Thema für Strohballen-Gärtner. Sie sehen, es gibt jetzt keine Entschuldigung mehr: Jeder Mensch sollte einen Garten haben – jedenfalls hätte das meine Oma Josephine so gesehen.

*Gegenüber:* Wenn Ihre Pflanzen erst einmal Wurzeln geschlagen haben, unterscheidet sich die Gartenarbeit nicht mehr großartig von der herkömmlichen Methode – bis auf das Unkraut jäten, versteht sich.

*Hallo Joel: Nur eine kurze Nachricht, um mich für die Infos zur Strohballen-Gärtnerei zu bedanken. Ihre Aussage zum Thema „kein Unkraut" habe ich mit zynischem Kichern gelesen, und mein Mann hat nur zur Decke geschaut. Aber ich muss zugeben, dass ich diesen Sommer tatsächlich höchstens fünf Unkrautpflanzen hatte – Sie haben also fast die Wahrheit gesagt! Ich danke Ihnen nochmals, Judith.*

Hier sehen wir einen jungen Mann mit Wasserschlauch und Sprühkopf beim Einarbeiten des Düngers. Er nimmt an einem Projekt der Jugendorganisation „4-H" teil und erlernt dabei das Gärtnern auf andere Art.

*Tipp*

Nutzen Sie Ihren Feuchtigkeits-Tester, um zu prüfen, wann Ihr Garten Wasser braucht.

## Alles im grünen Bereich mit monatlichem Düngen

Es ist empfehlenswert, den Pflanzen in der Wachstumsphase einmal pro Monat etwas Flüssigdünger oder löslichen Dünger zu gönnen. Düngen Sie nicht die ganz kleinen Setzlinge, sondern warten Sie, bis diese ihr drittes Paar Blätter entwickelt haben und düngen Sie dann. Biogärtner benutzen einen Öko-Blattdünger wie Fischemulsion, Algenemulsion oder Ähnliches. Ich persönlich verwende Fischemulsion für meine Bio-Ballen – was furchtbar stinkt, aber hervorragend funktioniert. Ich finde unter den herkömmlichen Düngern den löslichen Dünger der Marke Miracle Gro® am besten, denn er ist ausgewogen und löst sich leicht auf. Der Kunstdünger ist zwar deutlich günstiger, aber im Interesse meiner Bio-Studien gebe ich gerne etwas mehr Geld dafür aus, dass die betreffenden Strohballen dann auch 100 % Bio sind.

Wenn ein unerfahrener Gärtner meine Oma Josephine im Garten besuchte und sie fragte, woran man merkt, dass ein Garten Wasser braucht, sah sie die Leute an, hielt einen Finger hoch und sagte: „Benutzen Sie doch einfach Ihr eingebautes Feuchtigkeits-Teststäbchen. Gott hat uns allen welche gegeben!" Ihren Rat kann man auch auf die Strohballen-Gärten anwenden. Wenn sie sich trocken anfühlen, ist es vermutlich Zeit, sie zu gießen. Ich finde, es bekommt ihnen am besten, wenn man früh am Tag gießt.

So trocknen die Blätter über den Tag wieder, lange vor Sonnenuntergang. Besonders in warmen, schwülen Sommernächten können sich Bakterien, Schimmel, Pilze und andere Schädlinge auf feuchtem Blattwerk bestens entwickeln und ausbreiten. Wenn Sie selbst wässern, halten Sie den Sprühkopf unter das Blätterdach und gießen Sie nur die Wurzeln. Bewässerungsschläuche sind immer noch die einfachste und effizienteste Methode, Strohballen-Gärten zu bewässern. Wasser, das durch den Schlauch auf die Oberflächen der Strohballengärten aufgebracht wird, durchdringt sie bis an die Kanten.

## Anbau auf Strohballen = weniger Schädlinge = weniger Pestizide

Jeder Gärtner, der seine Aufgabe ernst nimmt, versucht, Unkraut und Schädlinge ohne schädliche Chemikalien zu bekämpfen. Das trifft besonders dann zu, wenn man seine Erzeugnisse später auch gerne verzehren und seiner Familie vorsetzen möchte. Die Strohballen befreien Sie zwar nicht automatisch von allen Insektenproblemen, die ein Garten mit sich bringen kann. Aber viele der üblichen Schwierigkeiten mit Insekten und Unkraut rühren daher, dass der gleiche Boden immer und immer wieder verwendet wird. In jedem guten Gartenbau-Buch wird betont, wie wichtig der Fruchtwechsel ist. Das Problem wird also erkannt und ansatzweise auch angegangen. Bei Strohballen-Gärten läuft das anders, da wir jedes Jahr im Frühjahr die Strohballen ganz frisch präparieren. Wir stellen dabei neues Substrat her, das gar nicht von etwaigen Insekten, Krankheiten, Viren, Pilzen oder Unkrautsamen aus dem Jahr davor betroffen sein kann. So vermeiden wir mit unserer Methode die schwierigsten, aber häufigsten Probleme, die schon so viele Gärtner entmutigt haben.

*Hi Joel. Ich baue seit 2008 in einem kleinen Strohballen-Garten meine eigenen Tomaten, Paprika und Kürbis an. Hier an der Küste in North Carolina klappt alles wunderbar mit den Ballen. Auch während der letzten paar Sommer, als wir hier mit monatelanger Dürre zu kämpfen hatten, sind die Ballen feucht geblieben und brauchten nur wenig Wasser. Ich habe nur einmal pro Woche gegossen, und nur ein paar Liter pro Ballen gebraucht (ich habe das Kondenswasser aus der Klimaanlage verwendet). Ich kann Ihre Methode gar nicht genug loben. Alles ist so einfach, der Garten versorgt sich praktisch von alleine! Vielen Dank für die Informationen zur Strohballen-Gärtnerei. Sandy*

HINWEIS-PFLANZEN sind eine sehr gute Methode, um festzustellen, wann der Garten Wasser braucht. Ich pflanze immer Fleißige Lieschen, am besten die großen mit den roten Blüten, die man auch aus der Entfernung gut sieht. Sie haben flache Wurzeln und lassen schnell die Köpfe hängen, wenn sie zu trocken werden. Sie erholen sich aber auch sofort wieder, wenn sie Wasser bekommen. Ein kurzer Blick aus dem Haus auf die Fleißigen Lieschen sagt mir, wenn es da draußen zu trocken wird.

Einen Garten kann man so anlegen, dass er aus Insektensicht eher unattraktiv ist – eine einfache, aber gute Methode, sie auf Abstand zu halten.

## Achtung: Insekten und gefräßige Schnecken

Ich werde nicht so weit gehen, zu sagen, dass man als Strohballen-Gärtner nie wieder etwas mit dem Kampf gegen die Spitzenreiter unter den Gartenschädlingen von Mutter Natur zu tun hat. Aber ich meine, es ist vielleicht hilfreich, sich in die Lage eines Schädlings zu versetzen, um das Problem besser zu verstehen. Wenn man weiß, wonach diese Tierchen suchen, kann man sich viel Ärger ersparen, indem man den Garten weniger schädlingsfreundlich gestaltet. Insekten sind normalerweise auf der Suche nach zwei Dingen: Nahrung und Unterschlupf. Den Unterschlupf brauchen sie meist zur Fortpflanzung oder zur Eiablage. Die meisten Insekten suchen instinktiv nach nahrhaften Blättern, Stängeln oder Wurzeln. Kohlraupen suchen nach essbaren Kohlblättern – aber Mutter Natur hat den Raupen nicht in die Wiege gelegt, auf einem Strohballen danach zu suchen. Ihr Instinkt sagt ihnen vielmehr, auf dem Boden nach dem Stängel einer Kohlpflanze zu suchen und diesen zu erklimmen. Die Maden der Kohlfliegen sind ein weiteres Beispiel: Sie legen instinktiv ihre Eier auf die Erde um den Stängel der Kohlpflanze herum, dann schlüpfen die Larven und fangen an, die Wurzeln zu fressen. Wächst der Kohl aber auf einem Strohballen, gibt es keine Erde um den Stängel der Pflanze, sodass alle Eier der Fliege auf dem Stroh vertrocknen, noch bevor die Maden schlüpfen können.

Mit die beste Methode, Insekten loszuwerden, ist, sie einfach einzusammeln und zu entsorgen. Das mag wie eine Binsenweisheit klingen, ist aber wirklich effektiv. Entfernen Sie jeden Tag (am besten morgens) 10 Minuten lang alle Schnecken, Raupen, Käfer etc. von den Blättern. Werfen Sie auch mal einen Blick auf die Unterseite der Blätter. Auf diese Weise können Sie mit ein bisschen Sorgfalt die Krabbeltiere sehr gut in Schach halten. Es ist sinnlos, Sprühflaschen mit Insektenvernichtungsmittel zu verwenden, das bringt nur diejenigen um, die man gerade zufällig erwischt.

Der richtige Pflanzabstand ist auch entscheidend für die erfolgreiche Schädlingsbekämpfung. Man sorgt damit für die erforderliche Luftzirkulation zwischen den Blättern, sodass die Pflanzen im Wind schaukeln können. Diese Bewegung an der Luft trocknet nicht nur die feuchten Blätter, sondern stärkt auch die Stängel durch das ständige Schaukeln, das die Pflanzen übrigens noch weniger erstrebenswert für die Insekten macht. In einem Strohballengarten sind die Pflanzen einen halben Meter über der Erdoberfläche, was für die Luftzirkulation schon von Vorteil ist. Es ist außerdem wichtig, dafür zu sorgen, dass die Reihen keinen Schatten aufeinander werfen oder sich gegenseitig den Wind wegnehmen. In Bezug auf Insekten ist es geradezu katastrophal, den Garten zu voll zu pflanzen. Denken Sie daran, Setzlinge nach dem Keimen ausreichend zu vereinzeln, um zukünftigem Insektenbefall vorzubeugen.

Pestizide werden in der Landwirtschaft eingesetzt, und manchmal auch auf dem Rasen oder im Garten. Gewissenhafte Gärtner kommen aber meist sehr gut auch ohne sie zurecht.

## „REHE VERBOTEN"

Wer glaubt, er müsse nur ein paar solcher Schilder aufhängen, um die Wildtiere für immer los zu sein, lebt wahrscheinlich im Land der Träume, wo Tiere des Lesens mächtig sind. Kaninchen, Waschbären, Eichhörnchen, Murmeltiere, größere Vögel, Rehe und Nachbars Hund können wirklich lästig werden, und Ihren frisch bepflanzten Garten in kürzester Zeit in seine Bestandteile zerlegen.

Im Laufe der Jahre sind Tausende von Ideen und natürliche Barrieren erdacht und entwickelt worden, viele davon funktionieren manchmal gut, aber keine funktioniert immer und garantiert. Ein Zaun mag zwar ein gutes Hindernis sein, aber ein ausgewachsener Hirsch kann jeden 2,50 m hohen Zaun ohne Probleme abholzen, und ein Murmeltier hat sich in 60 Sekunden darunter durchgewühlt.

Die Tiere suchen entweder Nahrung oder Unterschlupf, nehmen Sie es also nicht persönlich, wenn Mutter Natur ihnen suggeriert, dass sie beides in Ihrem Garten finden werden. Wer seinen Garten wildfest machen möchte, sollte damit anfangen, bevor die ungebetenen Gäste das angerichtete Buffet einmal gefunden haben und gelernt haben, dass sie dort jeden Tag einen Imbiss vorfinden. Wenn man sie von Anfang an draußen hält, sind die unerwünschten Besucher sehr viel seltener. Da ich von Natur aus eher skeptisch bin, falle ich eigentlich nie auf Tricks herein. Ich bin sogar bekannt dafür, Betrugsversuche immer rechtzeitig zu wittern. Glauben Sie also nicht, dass ich Ihnen den Vorschlag, der gleich kommt, leichtfertig mache – dahinter steckt gründliche Recherche. Aber diese Erfindung eines kanadischen Unternehmers ist einfach nur genial – es handelt sich um einen Rasensprenger mit Bewegungsmelder. Es ist nicht die billigste Lösung, denn er kostet viermal so viel wie ein herkömmlicher Rasensprenger, aber er ist extrem einfach zu nutzen, sehr effektiv und hält viele Jahre. Man hängt den „ScareCrow" an einen Wasserschlauch, öffnet den Hahn und installiert eine 9-Volt-Batterie. Ab jetzt wird alles, was sich im Umkreis von 10 m bewegt, 3 Sekunden lang mit einem Schwall eiskalten Wassers und einem lauten Zischgeräusch begrüßt. Nach einigen Sekunden sind die Sensoren wieder bereit für den nächsten Eindringling. Man kann daran sehen, wie lernfähig Tiere sind: Sie wissen in kürzester Zeit, dass es die Sache nicht wert ist, mitten in der Nacht nass gespritzt zu werden, und machen in Zukunft einen Bogen um Ihren Garten. Ich kann Ihnen versichern, dass ich den Sensor nie wieder vergessen habe, seit ich einmal, kurz nachdem er neu installiert war, selbst davon kalt erwischt worden bin – übrigens sehr zur Erheiterung meiner Frau, die am Fenster stand und sich kaputtgelacht hat.

Ich spreche eigentlich selten konkrete Produktempfehlungen aus. Aber der ScareCrow-Sprenger mit Bewegungsmelder (siehe Zubehör auf S. 140) ist eine so effektive und humane Methode, kleine Plagegeister von Ihrem Garten fern zu halten, dass ich hier eine Ausnahme mache. Denken Sie aber daran, ihn auszuschalten, bevor Sie morgens im Pyjama in den Garten gehen, um ein bisschen Thymian für Ihr Rührei zu pflücken.

## Hoppla, doch die falschen Ballen gekauft!

Wenn einer Ihrer Strohballen anfängt zu sprießen, haben Sie wohl aus Versehen doch einen Heuballen erwischt. Dafür gibt es eine schnelle und einfache Lösung: Mischen Sie ca. 1 l weißen Essig mit einem Spritzer Spülmittel. Nehmen Sie dann einen alten Wischmop zur Hand und tränken Sie das frische Grün mit der Lösung. Ihr Garten mag ein paar Tage lang wie Salatsauce riechen, aber die Lösung ist ungefährlich für Sie und Ihre Haustiere, und die Sprossen werden in 24 Stunden tot sein, ohne dass Giftstoffe aus dem Essig zurück bleiben.

Wenn Sie diesen Ballen bereits bepflanzt haben, passen Sie aber auf, dass die Lösung nicht auf Ihre Pflanzen gelangt. Der Essig macht keine Unterschiede und tötet jede Pflanze, mit der er in Berührung kommt. Ziehen Sie einen alten Stoffhandschuh oder einen Lappen über einen Gummihandschuh, um die Lösung aufzutragen. Tauchen Sie Ihre Finger in die Lösung und behandeln Sie die ungewünschten Pflanzen, die schon in Kürze Geschichte sein werden. Aber spülen und trocknen Sie den „Handschuh des Todes" gut ab, bevor Sie ihn wieder zur Gartenarbeit verwenden.

Der Ballen auf der linken Seite bestand, wie sich heraus stellte, aus Kanariengras – der rechte ist ein herkömmlicher Haferstrohballen. Die Grashalme sind grundsätzlich harmlos und trocknen nach einigen Wochen aus, Sie können sie aber auch einfach abschneiden oder mit Essig behandeln.

## Meine Ballen haben Schlagseite

Wenn einer oder mehrere Strohballen anfangen, sich zur Seite zu neigen, während Ihre Pflanzen noch wachsen, kann man davon ausgehen, dass der Ballen ursprünglich zu locker gepresst und somit nicht kompakt genug war. Die Lösung ist einfach: Drücken Sie ein langes Brett, beispielsweise 2 x 0,6 m von der Seite gegen den Ballen, um ihn aufzurichten. Schlagen Sie dann einen kleinen Holzpflock neben dem Brett in den Boden, um es zu fixieren. Nach ein paar Wochen können Sie das Brett wieder entfernen.

Das Problem mit dem Kippen kann auch entstehen, wenn der Strohballen zuviel Wasser bekommen hat – geben Sie also weniger Wasser, wenn dies in Ihrem Garten passiert. Ich habe einmal einen Strohballen-Garten besucht, in dem über die Hälfte der Ballen umgekippt war. Den Pflanzen machte das wenig aus, sie änderten einfach ihre Wuchsrichtung und trieben weiter nach oben. Ich würde es zwar nicht empfehlen, aber alles in allem hat es den Erträgen dieses Gartens nicht geschadet.

Früher oder später fallen alle Strohballen auseinander. Normalerweise passiert das, wenn die Gartensaison längst vorbei ist. Aber es kommt hin und wieder doch vor, dass ein Ballen sich früher als gedacht auflöst (meist, weil er ursprünglich nicht fest genug gepresst war). Wenn Ihr Strohballen Anzeichen von verfrühtem Zerfall zeigt, stützen Sie ihn einfach an der Seite, nach der er sich neigt, mit einem Holzpflock und einem breiten Holzbrett ab – in Extremfällen auch an beiden Seiten.

## Strohballen im Garten stapeln

Vor Jahren, als ich gerade mit der Strohballen-Gärtnerei begonnen hatte, habe ich auch versucht, sie zu stapeln. Das hat überhaupt nicht gut funktioniert. Nach der Hälfte der Saison hatte ich schon Pfähle überall, um zu verhindern, dass der oberste Ballen herunterfällt. Nach diesem Versuch habe ich allen davon abgeraten. Aber eines Tages bekam ich Post und Fotos von J.J. Lawson, einer Gärtnerin aus Illinois, die bewiesen, dass mein Rat etwas voreilig gewesen war: J.J. hatte einen super Garten angelegt, und die Ballen sehr wohl gestapelt. Sie hatte einfach die unterste Schicht auf die Seite gelegt, und die obere Schicht hochkant gestellt. Ihr Garten hatte sozusagen zwei Etagen und wuchs trotzdem wunderbar, wie man an ihren Fotos sehen konnte. Wenn Sie sich besonders ungern bücken, ist diese Methode vielleicht sogar besser für Sie. Sie müssen nur für die Ernte eine Leiter bereithalten, wenn Sie höher wachsende Pflanzen wie Tomaten anbauen. An dieser Geschichte sieht man, dass sich alle Ideen und Neuerungen immer noch verbessern oder vereinfachen lassen.

Dieses Foto ist eines aus einer Serie, die mir eine Gärtnerin geschickt hat, um zu zeigen, wie man die Strohballen auch stapeln kann. Beachten Sie, dass die unteren Ballen auf der Seite liegen und die oberen aufrecht stehen, sodass ein treppenförmiger Garten entsteht.

Die perfekten Tomaten wachsen im perfekten Tomatenturm. Diesen hier können Sie für ein paar Euro in wenigen Minuten bauen, und er hält ewig.

## LANGLEBIGE TOMATENRANKTÜRME FÜR KLEINES GELD

Die perfekten Tomaten anzubauen ist fast nicht denkbar ohne ein gutes Rankgitter. Bauen Sie sich einfach eins für ein paar Euro. Sie brauchen dafür nur einen Bolzenschneider, einige Kabelbinder und eine Baustahlmatte aus dem Baumarkt oder vom Schrottplatz. Die Matten kosten nicht viel und sind in 1,50 m Breite in verschiedenen Längen erhältlich. Schneiden Sie sich mit dem Bolzenschneider ein 1,80 bis 2 m großes Stück zurecht, je nachdem, wie groß der Rankturm werden soll. Rollen Sie die Matte einmal aus, um sie zu glätten, und befestigen Sie die Seitenenden mit Kabelbindern.

Sie erhalten einen hohen, zylinderförmigen Käfig, der zum Züchten von Tomaten und anderen Kletterpflanzen geradezu perfekt ist.

Die abgeschnittenen Enden des Baustahls stecken Sie fest in den Boden, sodass der Käfig für diese Saison fixiert ist. Wenn Sie das Rankgitter in die Strohballen stecken wollen, sollte es zusätzlich mit einem Zaunpfosten fixiert werden, sonst bekommen die Ballen leicht Übergewicht und können kippen. Sie können auch, um im Baukontext zu bleiben, ein Armierungseisen verwenden und das Rankgitter anpflocken.

Die Öffnungen in diesem Gitter sind recht groß (ca. 15 x 15 cm), sodass Sie bequem durch das Gitter des Tomatenturms Ihre Früchte ernten können. Wenn Sie am Ende der Saison nicht wissen, wo Sie die Stahlmatte lagern sollen, schneiden Sie einfach die Kabelbinder durch und rollen das Gitter flach aus. Die Matten rosten zwar etwas, aber meine sind nach 15 Jahren noch gut in Schuss. Als ich noch jung war, habe ich diese Ranktürme selbst gebaut und auf dem Markt verkauft. Die Leute waren begeistert, und ich bin sicher, dass viele von ihnen sie immer noch in Benutzung haben.

Die Ernte beginnt schon bald nach der Pflanzzeit im Frühjahr, bei den Salaten vergehen nur drei bis vier Wochen zwischen Aussaat und Ernte. Um die Produktivität Ihres Strohballen-Gartens maximal auszuschöpfen, sollten Sie gleich nach der Ernte wieder neu aussäen oder pflanzen.

Knipsen Sie regelmäßig die Blüten Ihres Basilikums und anderer Kräuterpflanzen ab, um das Wachstum der Blätter anzuregen.

# Erntezeit

ICH BIN NICHT GANZ SICHER, wieso dieses Kapitel erst am Ende des Buches steht, da die Ernte ja bei manchen Gemüsesorten schon wenige Wochen nach der Pflanzzeit beginnt. Sie können ab jetzt fast wöchentlich wieder neu pflanzen, nachdem Sie begonnen haben, zu ernten. Es wird den gesamten Sommer über so weitergehen: ein bisschen ernten, ein bisschen neu pflanzen. Sie nutzen den zur Verfügung stehenden Platz am effizientesten, wenn Sie den Garten gleich weiter bewirtschaften, nachdem die ersten Früchte geerntet sind. Selbst in nördlicheren Gefilden ist es möglich, jedes Gemüse, das innerhalb von 60 Tagen reift, mindestens zweimal pro Jahr anzubauen. Im Wechsel anzupflanzen, sodass kein Stück Ballen ungenutzt bleibt, so lange die Saison läuft, bringt die höchsten Erträge ein.

## TÄGLICHE ERNTE HÄLT DEN GARTEN GESUND

Die meisten Gemüsegärten liefern innerhalb von 30 Tagen nach dem Pflanzen grüne Salate, Radieschen, Spinat, rote Bete, Okra und Zucchini. Ernten Sie Radieschen, Rote Bete und Okra, und pflanzen Sie auf der Stelle erneut an. Schneiden Sie die Salate, Spinat und Blattkohl, und lassen Sie diese ein weiteres Mal nachwachsen. Bei der zweiten Ernte ziehen Sie einfach die gesamte Pflanze heraus und pflanzen etwas Neues an deren Stelle. Gurken können während der Hauptsaison 12 cm innerhalb von 24 Stunden wachsen – halten Sie also täglich Ausschau nach reifen Früchten. Es ist empfehlenswert, täglich zu ernten, da überreifes Gemüse Insekten und andere Schädlinge anlockt.

Die Erntezeit geht über die gesamte Gartensaison, aber im Spätsommer und im frühen Herbst sind Bilderbuchgemüse wie diese Wirsingköpfe reif.

## Frische gemessen in Stunden, nicht in Tagen oder Wochen

Manche Gemüsesorten verderben sehr schnell. Sie sollten wenige Stunden nach der Ernte gegessen werden, statt tage- oder wochenlang aufbewahrt zu werden. Ein gutes Beispiel ist Zuckermais (obwohl er sich nicht für den Anbau auf Strohballen eignet). Wenn Sie noch nie erntefrischen Zuckermais gegessen haben, und ich meine erntefrisch im Sinne von gerade abgepflückt, geschält und drei Minuten in kochendes Wasser geworfen, dann wissen Sie nicht, wie wirklich frischer Mais schmecken kann - er ist wirklich fantastisch! Mais verliert innerhalb einer Stunde so sehr an Geschmack und Frische, dass man am besten erst Wasser aufsetzt, und ihn dann erst aus dem Garten holt!

Kein Kind wird je vergessen, wie wunderbar ein frisches Radieschen schmeckt, wenn man es, so groß wie einen Lutscher, aus dem Garten zupft, kurz unter dem Wasserhahn abspült und dann sofort verspeist. Für mich war das der Anfang – und schon bald folgten Möhren, Bohnen und Erbsen, Erdbeeren, Himbeeren und Gurken. Ich freute mich jeden Tag darauf, mit Oma Josephine im Garten zu arbeiten. „Lass noch etwas zum Abendessen übrig!" pflegte sie zu sagen. Es gibt nichts Schöneres, als in den Garten zu gehen und 15 Minuten später mit einem Korb an frischem Gemüse für ein Mittag- oder Abendessen für die ganze Familie zurück zu kommen.

## Basilikum: Die Königin der Kräuter

Wenn Ihr Basilikum in der Mitte der Saison am schönsten aussieht, ist es natürlich so gut wie unmöglich, alles sofort zu verbrauchen. Ich verrate Ihnen einen Trick für den Basilikum-Überfluss: Jedes Mal, wenn Sie etwas von Ihrem schönen, großen Basilikumstrauch abpflücken oder ernten, zupfen Sie alle Blätter vom Stängel ab, waschen sie in kaltem Wasser und schneiden Sie mit einer Schere in feine, aromatische Streifchen. Verteilen Sie diese Streifen auf eine Eiswürfelschale und füllen Sie diese mit gutem Olivenöl auf, sodass das Kraut ganz bedeckt ist. Arbeiten Sie schnell, damit das geschnittene Basilikum nicht austrocknet. Legen Sie die Eiswürfelschale über Nacht ins Gefrierfach. Danach können Sie die Würfel in einen Gefrierbeutel umfüllen und sofort wieder einfrieren. Das Olivenöl hilft, die frische grüne Farbe des Basilikums zu erhalten. Nun können Sie auch im Winter jedes Mal, wenn Sie frisches Basilikum für ein Rezept brauchen, einen Eiswürfel pro Esslöffel Basilikum herausholen. So einfach und so köstlich, und so günstig kann frisches Basilikum sein. Ich musste im Winter schon ab und

## BITTE ... BITTE NEHMEN SIE DOCH NOCH EIN PAAR TOMATEN!

Planmäßig jeden August tauchen in allen Büros der Stadt wieder die Tomaten aus den Gärten der Kollegen auf, mit dem freundlichen Schild: *„Tomaten zu verschenken!!"* Viele Gärtner, die ein Dutzend der BIG-Hybriden angebaut haben, die pro Pflanze 45 – 60 kg Früchte im Jahr produzieren, sind inzwischen so tomatensatt, dass sie diesen ungeheuren Überfluss an rotem Manna nur zu gern mit allen Kollegen, Freunden und Verwandten teilen.

All die wirklich guten amerikanischen Tomatensorten wie Sutton Brandywine, African Queen, Old Ivory Egg und Aunt Gerdie's Gold sind schon aufgegessen, verschlungen wie die Süßigkeiten nach Halloween. Sie müssen sofort verbraucht werden, wenn sie reif sind, denn sie halten sich nur 2 bis 3 Tage. Wenn Sie diese Sorten einmal probieren möchten, müssen Sie also selbst welche anbauen. Ihre besonders dünne Haut ist ein Grund für die kurze Haltbarkeit und schlechte Transportfähigkeit. Die Tomaten, die Sie im Supermarkt kaufen, werden oft noch grün geerntet und mit Ethylgas behandelt, damit sie reif aussehen. Wenn Sie mich fragen, schmecken sie manchmal eher nach Methangas, also überhaupt nicht. Die traditionellen Sorten sind das Sahnehäubchen, und der Grund, warum wir Mutter Natur so achten – sie sind einfach das Beste, besonders nach einem langen, kalten Winter, in dem man mit rot gefärbten, nach Ketchup schmeckenden Tennisbällen aus dem Supermarkt vorlieb nehmen musste.

zu frisches Basilikum kaufen. Dabei habe ich festgestellt, dass ich im Sommer Basilikum-Millionär bin, bei den Mengen, die wir im Garten haben. Manchmal, wenn wir Besuch bekommen, zerkleinere ich ein ganzes Büschel davon mit dem Rasenmäher und verteile es auf dem Rasen. Es riecht zwei bis drei Tage lang einfach köstlich, und alle fragen sich, warum. So, nun habe ich mein Geheimnis verraten. Die Gefrierwürfel-Methode funktioniert übrigens auch wunderbar für Rosmarin, Schnittlauch, Zitronenmelisse, Minze und Estragon. Das Problem ist, dass im Winter jeder, der nicht selbst ein Gewächshaus besitzt, den Basilikumzüchtern ausgeliefert ist, die eines haben.

Allseits beliebt, ist das Basilikum eines der meist verwendeten Kräuter; es ist aber sehr schwierig zu lagern und wird schnell schwarz, verliert seinen Geschmack und die schöne Farbe.

## Kartoffeln ganz ohne Graben

Kartoffeln müssen sehr tief in die Ballen eingepflanzt werden, 25 bis 30 cm. Die Stängel der Pflanzen bahnen sich ihren Weg nach oben und produzieren inzwischen in den Strohballen Kartoffeln. Die Kartoffeln sind ein Teil der Stiele, nicht der Wurzeln, sodass lange Stiele auch mehr Kartoffeln hervorbringen. Es ist empfehlenswert, drei Saatkartoffeln pro Ballen zu pflanzen, und zusätzlich ein paar früh ertereife Gemüsesorten an der Oberfläche, wie zum Beispiel Salat oder Radieschen. Die Kartoffeln sind reif, wenn die Pflanzen im Frühherbst anfangen zu blühen. Wenn die Pflanzen verwelken, schneiden Sie einfach die Schnüre an den Strohballen ab. Diese fallen auseinander, und Sie können die Kartoffeln einfach herausholen, statt danach graben zu müssen. Unversehrte Kartoffeln halten sich sehr gut an einem kühlen, dunklen, trockenen Ort. Packen Sie die Kartoffeln in Zeitungspapier oder Packpapier ein, das macht sie noch haltbarer.

Kartoffeln reifen im Inneren der Strohballen, sodass die Ernte ein Kinderspiel ist: Einfach die Ballen aufschneiden und die Kartoffeln herausnehmen. Sie werden, verglichen mit den erdigen Knollen, die Sie aus dem Garten Ihrer Großeltern kennen, ziemlich sauber sein.

Es gibt verschiedene Methoden, Ihre erntefrischen Gartenerzeugnisse einzulagern: Einkochen, Trocknen, Einlegen, Einfrieren, um nur einige zu nennen.

## Wohin mit dem Gemüse?

Ich empfehle Ihnen, sich gleichzeitig mit der Planung der Gemüsesorten, die Sie anbauen möchten, auch zu überlegen, wie man diese am besten lagert. Man kann jahraus, jahrein frisches Gemüse aus eigener Produktion genießen, wenn man rechtzeitig die Grundlagen des richtigen Einfrierens, Einlegens, Einkochens, Trocknens, Aufhängens, in-Sand-Einlagerns, Eintütens und Konservierens der frisch geernteten Gartengemüse erlernt. Die meisten Methoden sind nicht schwierig, und der geschmackliche Unterschied zu den Produkten aus dem Supermarkt ist den Aufwand und die Zeit allemal wert, von der Kostenersparnis ganz abgesehen. Denken Sie daran, wie Ihre Freunde sich über selbst gemachte Marmelade freuen werden, vielleicht mit der Aufschrift: „Selbst gezüchtet in meinem Strohballen-Garten" – und womöglich mit einer Ausgabe dieses Buchs dazu!

## Muss es nicht „einglasen" statt „konservieren" heißen?

Gemüse konservieren bedeutet eigentlich nichts anderes als es mit einer Flüssigkeit in Gläser abzufüllen und einen Metalldeckel mit Gummidichtung darauf zu setzen. Die Gläser kommen in ein kochendes Wasserbad, was sie und ihren Inhalt erhitzt und jegliche Bakterien, die im Glas vorhanden sein könnten, abtötet. Die Deckel werden durch den Druck auf die sterilen Gläser gepresst und so halten sich diese Konserven jahrelang. Im Zuge der ständig verfügbaren tiefgekühlten Gemüse- und Obstsorten ist diese Konservierungsmethode schon fast in Vergessenheit geraten.

Wenn Sie einkochen, möchten Sie wahrscheinlich den natürlichen Zustand Ihrer Gemüse so weit wie möglich beibehalten, sodass sie möglichst vielseitig benutzt werden können. Natürlich kann man auch große Portionen eines Lieblingsgerichtes – Sauce, Chutney oder Salsa – vorbereiten und einmachen.

## Gemüse einfrieren mit wissenschaftlichen Methoden

Leider kann man nicht jedes beliebige Gemüse, das nicht sofort verbraucht wird, einfrieren, denn dies führt nur bei den wenigsten zu ansehnlichen und schmackhaften Ergebnissen. Viele schöne Gemüse und Obstsorten werden beim Auftauen zu unansehnlichem Brei. Wie kommt es, dass die gefrorenen Gemüse, die es zu kaufen gibt, immer so schön sind, während die selbst eingefrorenen so übel aussehen? Das hat hauptsächlich mit der Gefriertruhe zu tun, und damit, ob das Gemüse vor dem Einfrieren blanchiert wurde oder nicht. Schockgefrieren bei einer Temperatur von minus 40°C lässt die Wassermoleküle in und um das Gemüse sofort gefrieren, ohne dass sie zusammenklumpen. Mit den Kühlgeräten, die wir zu Hause haben, findet der Gefrierprozess viel langsamer statt, wodurch die Wassermoleküle Zeit haben, zu klumpen und sich auszudehnen. Beim Abtauen platzen die Zellen im Gemüse und so ergibt sich der schon erwähnte Brei. Die einzigen Ausnahmen sind Gemüse, die breiig sein dürfen, oder solche, die wenig Wasser enthalten.

Man datiert die Entdeckung des Schockgefrierens auf 1924, als Clarence Birdeye diese Methode zum ersten Mal erprobte. Auf seiner Erfindung basieren die Tiefkühlprodukte, die wir heute kennen.

## Manches lässt sich einfach nicht gut einfrieren

Die meisten Gemüse und Früchte mit hohem Wassergehalt kann man nicht gut einfrieren, denn sie werden beim Auftauen sehr unappetitlich. Gartenerzeugnisse, die man nicht einfrieren sollte, sind beispielsweise: Sellerie, Radieschen, Melonen, Salat und Gurken.

## Anderes lässt sich prima einfrieren

Und dann gibt es Gemüse, das man super einfrieren kann, wobei es grundsätzlich ratsam ist, es vorher zu blanchieren, sofort in ein Eisbad zu tauchen, schnell abzutrocknen und dann zum Einfrieren zu verpacken. Dies dauert unterschiedlich lange, lesen Sie am besten vorher nach. Geben Sie immer nur eine kleine Menge auf einmal in ein sehr kaltes (-17 °C) Eisfach. So gefriert das Gemüse schneller, und bleibt knackiger, wenn man es auftaut. Im Prinzip tun Sie dabei nichts anderes als die Technik von Clarence Birdeye anzuwenden.

Folgende Gemüsesorten lassen sich gut blanchieren und einfrieren: Spargel, Bohnen, Limabohnen, Brechbohnen, Rote Bete, Augenbohnen, Brokkoli, Rosenkohl, Kohlköpfe, Möhren, Blumenkohl, Maiskolben, Maiskörner, pürierter Mais, Auberginen, Pilze, Zwiebeln, Erbsen, grüne Paprika, andere Paprikaschoten, Chili, Kartoffeln, Riesenkürbisse, Steckrüben, Kürbisse, Süßkartoffeln und Rüben.

*Tipp*

### GEFRORENES GEMÜSE LAGERN

Füllen Sie ein paar große Plastikflaschen mit sauberem Wasser und legen Sie diese in die Kühltruhe neben das Gefriergut. Geben Sie Ihr Gemüse fertig gefroren dazu, oder warten Sie, bis die Flaschen gefroren sind, bevor Sie das Gemüse dazu legen. Diese Eis-Flaschen helfen Ihrer Gefriertruhe, effizienter zu arbeiten, weil sie die Lufteinschlüsse um das Gefriergut herum verdrängen.

# WAS ÜBRIG BLEIBT: *Gold*

Ein einfacher Kompostbehälter neben Ihrem Strohballen-Garten kann mit den anfallenden Pflanzenresten und den Strohresten vom Ende der Saison befüllt werden. Wenn Sie außer den Strohballen noch einen normalen Garten haben, sollten Sie diese Abfälle nicht unbedingt mit dem unkrautfreien Stroh-Kompost mischen. Für den Strohballen-Garten im kommenden Jahr brauchen Sie dieses „schwarze Gold" zwar nicht, aber Sie werden Dutzende Möglichkeiten finden, es auf dem Hof oder für den Rasen zu nutzen.

GOLD? JA, GOLD, aber nicht das Edelmetall, sondern das „schwarze Gold" des Gärtners, nämlich der perfekte Kompost. Das ist, was übrig bleibt, wenn der Garten abgeerntet ist. Der wertvolle Kompost kann zu vielen Zwecken in Hof und Garten sinnvoll genutzt werden. Um Ihre Strohballen zu kompostieren, müssen Sie zunächst alle Nylonschnüre, Holzpflöcke, Drähte und Bewässerungsschläuche entfernen, aus denen Ihr Strohballen-Garten bestanden hat. Bringen Sie die verbleibenden, bereits teilweise kompostierten Strohreste auf einen Haufen und lassen Sie diesen sich bis zum nächsten Frühjahr weiter zersetzen (ihn auf einen Haufen zu packen, beschleunigt den Zersetzungsprozess). Streuen Sie ein paar Handvoll Rasendünger oder eine organische Stickstoffquelle auf den Haufen und wenden Sie ihn alle 2 bis 3 Wochen, und vergessen Sie nicht, den Haufen ab und an zu befeuchten, wenn es wenig regnet. Ich empfehle Ihnen, den Strohkompost und den regulären Kompost zu trennen, wenn Sie diesen haben. Der Strohballen-Kompost wird seine Konsistenz beibehalten, was die molekulare Struktur und die Fruchtbarkeit betrifft, und gleichzeitig weiterhin unkrautfrei bleiben, wenn Sie keine weitere Biomasse hinzuzufügen. Über die Wintermonate wird sich der Komposthaufen fertig zersetzen, und im Frühjahr werden Sie SPRACHLOS vor Begeisterung über diesen Kompost sein. Füllen Sie Ihre Pflanzgefäße, Blumentöpfe und Kästchen damit — Ihre Blumen werden dieses Pflanzmedium lieben. Es ist sehr fruchtbar, gut durchfeuchtet, und speichert Wasser ganz hervorragend. Dieser Kompost wird wenig bis gar keine Unkrautsamen enthalten, und außerdem ist er ganz umsonst!

Ein Strohballen sieht nach getaner Arbeit am Ende der Pflanzsaison etwas grau und zerzaust aus. Stapeln Sie die verbrauchten Ballen aufeinander, um sie effizienter zu kompostieren.

Strohballen-Kompost eignet sich sehr gut für den Anbau von ein- oder mehrjährigen Blumen und Gemüsesorten. Wenn Sie Bäume oder Sträucher pflanzen, können Sie in gleichen Teilen den Kompost und den unberührten Boden im Pflanzloch mischen, um Ihren Pflanzen etwas Gutes zu tun. Sollte die Erde bei Ihnen generell schwer oder tonhaltig sein, oder das Wasser schlecht ablaufen, versuchen Sie mal, 15 cm Kompost auf die vorhandene Erde aufzubringen, um ihre Struktur und vor allem ihre Drainagefähigkeit zu verbessern. Wenn Sie sandhaltige Böden haben, kann dieser Kompost ebenfalls die Qualität verbessern. Bedecken Sie den Mutterboden mit 15 cm Kompost und arbeiten Sie diesen in die oberste Erdeschicht ein. Die Mischung enthält genug Biomasse, um Feuchtigkeit zu speichern und die Erde fruchtbar zu machen, was den Pflanzenwuchs ohne tägliches Gießen und wöchentliches Düngen ermöglicht. Wenn Sie den Kompost wirklich sorgfältig getrennt haben, können Sie ihn sogar als Substrat für Ihre Saatbetten auf den Strohballen-Gärten im kommenden Jahr verwenden, anstatt das teure Substrat im Gartencenter zu kaufen.

## Jeder Garten braucht einen, oder zwei, oder drei

Ein guter Kompost-Behälter sollte bestimmte funktionale und praktische Eigenschaften haben: Man sollte ihn leicht befüllen können, sodass nicht alle Seiten geschlossen sein können. Man sollte den Inhalt erreichen können, um den Haufen zu wenden, was bedeutet, dass es eine Tür geben muss, die von oben bis unten ganz geöffnet werden kann, auch wenn der Behälter voll ist. Er sollte offen genug sein, dass die Luft zirkulieren kann und den Haufen belüften kann. Er sollte gut aussehen, denn niemand blickt gerne das ganze Jahr auf eine Scheußlichkeit im Garten. Und schlussendlich sollte er günstig und einfach zu bauen sein. Meine selbst erfundenen Behälter kosten nur wenige Euro, und es dauert ungefähr 10 Minuten, sie zu bauen. Sie brauchen folgendes Material:

- Fünf kurze Zaunpfähle. Ich benutze die 1,50 m hohen mit nach oben zeigenden Halterungen an einer Seite.

- 2,50 bis 3 m x 1,20 m offenen Maschendrahtzaun. Alle Sorten funktionieren, aber ich bevorzuge den geschmiedeten mit 5 x 10 cm großen Öffnungen. Sie können je nach Bedarf einzelne Stücke oder eine ganze Rolle kaufen und diese mit jemandem teilen.

- Zehn  2,5 x 10 cm große Bauholz-Bretter in 1 bis 1,50 m Länge. Es gibt sie sehr günstig zu kaufen, man kann sie aber auch ganz umsonst von einer alten Palette abmontieren.

*Joel, Ihre Idee ist das Beste, was mir in all meinen 85 Lebensjahren untergekommen ist. Ich hatte meinen Garten aufgeben müssen, als mein Mann vor einigen Jahren starb, und habe die Gärtnerei seither immer vermisst. Dann berichtete meine Tochter mir von Ihrer Methode, auf Strohballen anzubauen und hat mir im vergangenen Frühjahr geholfen, zwei Strohballen zu präparieren. Und ich habe die besten Tomaten meines ganzen Lebens darauf gezüchtet. Ist das nicht toll? Ich wollte Sie nur wissen lassen, dass Sie eine alte Frau sehr glücklich gemacht haben! Mit herzlichen Grüßen Gladys*

## LEHRER, MISSIONAR UND SENSATION DER LOKALNACHRICHTEN

Obwohl ich schon sehr lange auf Strohballen anbaue, ist es für mich immer noch aufregend, die Gesichter der Menschen zu sehen, die zum ersten Mal erfahren, wie diese revolutionäre Methode funktioniert. Sie stellen immer Hunderte von Fragen, und manchmal bringen sie auch skeptische Einwände vor. So war ich dann auf einmal unversehens Lehrer geworden. Das könnte Ihnen genau so ergehen, denn je mehr man auf Strohballen anbaut, desto inspirierter wird man. Es kann soweit kommen, dass auch Sie beginnen, unter die Missionare zu gehen, um von all den spannenden Erkenntnissen zu berichten, die Sie bei dieser neuen Methode der Gärtnerei gewinnen. Und dann kann es Ihnen passieren, dass plötzlich jemand von der Lokalredaktion der Zeitung oder des Fernsehens bei Ihnen auftaucht, um über Sie und Ihren Garten zu berichten. Denn Reaktionen wie „so eine tolle Idee habe ich ja noch nie gehört!" sind wirklich an der Tagesordnung. So kam ich überhaupt dazu, dieses Buch zu schreiben. Ich hatte es eigentlich nie vor, aber nach den vielen Tausend Malen, die ich schon über meine Methode gesprochen habe, war ich schließlich überzeugt, dass es doch am einfachsten sein würde, mein Wissen aufzuschreiben, auch wenn ich nur ein einfacher Junge vom Land bin.

Den Kompostbehälter können Sie in nur sieben kurzen Arbeitsschritten selbst bauen. Auf unserer Website gibt es auch ein Video dazu (siehe Zubehör S. 140).

1. Schlagen Sie einen Pfosten ein.

2. Schlagen Sie 1,25 cm daneben einen zweiten Pfosten ein. Probieren Sie mit einem Brett aus, ob der Abstand stimmt. Binden Sie die beiden Pfosten oben mit Draht zusammen.

3. Gehen Sie jetzt zum anderen Ende des Brettes und klopfen Sie einen Pfosten ein paar cm vor der Kante ein.

4. Schlagen Sie an der anderen Seite des Bretts den letzten Pfosten ein und binden Sie auch diese beiden Pfosten oben mit Draht zusammen.

5. Bringen Sie den Maschendrahtzaun mit Draht an der einen Außenseite des Pfostens an, oder haken Sie ihn einfach in die dafür vorgesehenen Halterungen ein, wenn der Pfosten sie haben sollte. Hämmern Sie ihn gut fest.

6. Schlagen Sie ungefähr in der Mitte des Maschendrahts den letzten Pfosten ein und befestigen Sie ihn.

7. Schieben Sie alle Bretter zwischen die Pfosten bis zur oberen „Türkante".

Das ist mein selbst entworfener „10-Euro-10-Minuten-Kompostbehälter". Er hat die perfekte Größe und ist superpraktisch.

Kompostbehälter braucht man in jedem Garten. Einer ist das Minimum, besser sind zwei oder drei. Wenn ein Behälter voll ist, kann es drei bis vier Monate dauern, bis der Kompost fertig zersetzt ist, vorausgesetzt, er wird alle zwei Wochen gewendet. Ich mache es gern so, dass ich einen Behälter voll mache und den Inhalt jedes Mal, wenn ich ihn drehe, gleich in den zweiten Behälter umschichte. Dazu braucht man zwei Behälter, zwischen denen man hin und her schaufelt. Der dritte Behälter, der auch neben den beiden anderen steht, füllt sich inzwischen mit den 7 bis 15 Litern Kompost, die jede Woche in unserem Haushalt anfallen. Ich benutze im Haus gut schließende 4-Liter-Plastikeimer, die ich immer, wenn sie voll sind, hinaus bringe. Sie können alle Bio-Küchenabfälle wie Schalen, Kerngehäuse und Gemüsereste auf den Kompost bringen. Fleisch, Käse und andere Milchprodukte sollte man nicht kompostieren, denn das zieht unerwünschte Nagetiere an.

Aus Ihrem Garten kann fast alles hinein: Beschnitt, Stängel, Wurzeln, erkrankte Blätter (um die Sie sich keine Sorgen machen müssen, denn die „Hitzebehandlung" beim Kompostieren macht allen Krankheitserregern in kurzer Zeit den Garaus. Es kann sein, dass Sie am Ende der Saison einen Behälter für die Reste Ihrer Strohballen reservieren müssen. Ich empfehle immer, den Stroh-Kompost getrennt von den anderen zu lagern, damit er steril bleibt. Später kann man ihn dann ausschließlich für Pflanzbehälter, Blumentöpfe und Blumenkästen verwenden.

Ich liebe Fragen! Bei meinen Vorträgen und Seminaren werde ich immer regelrecht gelöchert. Ich glaube, Gärtner sind das wissbegierigste und begeisterungsfähigste Völkchen, das ich kenne.

# HÄUFIG GESTELLTE FRAGEN

SO GERNE ICH MEINE GANZE ZEIT im Strohballen-Garten verbringen würde – ab und zu muss ich doch auch verreisen und arbeiten. Meine Arbeit besteht unter anderem darin, jedes Jahr Dutzende Seminare und Vorträge zu halten. Es ist nicht die schlechteste Methode, seinen Lebensunterhalt zu verdienen. Ich genieße es wirklich sehr, vor begeisterten Zuhörern über die Themen zu sprechen, die mir selbst so viel Spaß machen. Außerdem habe ich dabei Gelegenheit, die anderen Strohballen-Gärtner da draußen kennen zu lernen und mich mit ihnen auszutauschen. Ich betreibe zudem eine Website und eine Seite bei Facebook, die beide gut besucht sind. Und aus all diesen Richtungen kommen Fragen in Hülle und Fülle. Im Anschluss finden Sie einige, die besonders häufig gestellt werden (und Antworten darauf). Ich denke, dass manche dieser Themen früher oder später auch Sie beschäftigen werden, egal, ob Sie Anfänger oder ein erfahrener Gärtner sind.

**F: Wie werde ich mit den Schnecken in meinem Strohballen-Garten fertig?**

**A:** Man braucht ein paar kleine Gläser, zum Beispiel leere Babygläschen, die halb mit Bier gefüllt in die Oberfläche der Strohballen gestellt werden. Ein Glas pro Strohballen reicht. Die Schnecken werden von dem Bier angelockt und ertrinken in den Fallen. Sie können die Schneckenpopulation gut unter Kontrolle bekommen, wenn Sie die Gläser ein paar Mal nachfüllen. Wer viel Zitrusfrüchte isst, kann auch halbe Orangen, Grapefruit oder Zitronenschalen ausgehöhlt und umgedreht auf die Strohballen legen. Die Schnecken kriechen hinein, und Sie müssen sie nur noch einsammeln. Ich benutze diese Fallen nur bei besonders hohem Schneckenaufkommen, was bei uns etwa alle 3 bis 4 Jahre vorkommt.

**F: Soll ich Japankäferfallen aufstellen oder nicht?**

**A:** "Wenn man sie aufstellt, kommen sie ganz bestimmt" – das ist meine persönliche Erfahrung mit diesen Fallen. Manchmal frage ich mich, ob ich die Käfer aus ganz Amerika mit meinen Fallen anlocke. Die Population scheint sich jedenfalls wenig zu verändern, ob man nun Fallen aufstellt oder nicht. Ich muss aber zugeben, dass es kein schlechtes Gefühl ist, täglich einen Eimer Käfer in den Müll zu bringen, auch wenn es dem Garten nur bedingt hilft.

**F: Wie kann man Salat länger als ein paar Stunden frisch halten?**

**A:** Es ist am besten, die Salatpflanze bei der zweiten Ernte gleich ganz mit der Wurzel heraus zu ziehen, statt ein weiteres Mal nachzuschneiden. Der Salat schmeckt, wenn man ihn zum dritten Mal erntet, sowieso bitter. Das geht im Strohballen natürlich besonders einfach. Spülen Sie die Wurzeln unter fließendem Wasser ab, schlagen Sie ein feuchtes Tuch darum und packen Sie den Salat in eine Plastiktüte. Auf diese Weise lässt er sich wochenlang im Kühlschrank aufbewahren und bleibt frisch und knackig. Vor dem Verzehr schneiden Sie einfach die Wurzeln ab und waschen den Salat gründlich.

**F: Wie kann ich verhindern, dass sich Krankheiten in meinem Garten ausbreiten?**

**A:** Insekten und Krankheiten gehen Hand in Hand – oder besser gesagt, „Fuß in Fuß". Eine einzelne Pflanze, an der ein oder zwei Blätter erkrankt sind, ist normalerweise schnell zurückgestutzt, ohne dass sich diese Krankheiten auf den restlichen Garten ausbreiten. Ist aber der gleiche Garten schon von Zwergzikaden oder Blattläusen besiedelt, kann sich die Krankheit in Windeseile auf den gesamten Garten ausbreiten. Eine einzige Blattlaus, die an ihren kleinen Füßen die Sporen des Schimmels, der Pilze oder Bakterien trägt, reicht aus, um die Krankheit im Nu zu verbreiten. Entfernen Sie auf der Stelle die befallenen Blätter und versuchen Sie, den Insekten rechtzeitig Einhalt zu gebieten, dann haben Sie auch keine Krankheiten im Garten.

**F: Was fange ich nur mit all den Tomaten an?**

**A:** Ernten Sie Ihre Tomaten, wenn sie richtig reif sind, oder vielleicht einen Tag zuvor. Waschen Sie sie und zupfen Sie die Stiele ab. Wenn die Tomaten auch nur den kleinsten Kratzer haben, sollte man sie nicht einfrieren. Oft wird empfohlen, Tomaten vor dem Einfrieren zu blanchieren, aber meiner Meinung nach ist das bei unversehrten Früchten gar nicht notwendig. Setzen Sie jetzt Ihre schönsten Tomaten so auf ein Backblech, dass sie sich nicht berühren, und stellen Sie das Blech über Nacht ins Tiefkühlfach. Am nächsten Tag geben Sie die gefrorenen Tomaten in eine dicke, verschließbare Gefriertüte. Wann immer Sie Tomatensauce kochen wollen, tauen Sie einfach ein paar Früchte auf, schälen sie beim Abtauen (die Haut lässt sich jetzt ganz leicht abziehen) und werfen sie in den Kochtopf: Das ist einfach, köstlich, frischer und fruchtiger als alles, was man als Dosenprodukt kaufen kann. Die gefrorenen Tomaten sind ideal für alle Rezepte, bei denen Dosentomaten benutzt werden, und Ihr Chili und Ihre Spaghettisauce werden so gut schmecken wie noch nie.

**F: Kann ich gleich neben der Sickergrube einen Strohballen-Garten anlegen?**

**A:** Sickergruben und Abwassersysteme eignen sich geradezu perfekt als Untergrund für Strohballen-Gärten. Das Abwasser befindet sich tief unter der Erde und gelangt nicht nach oben. Bäume, die Schatten werfen könnten, sind keine da, weil man diese nie so pflanzt, dass die Wurzeln die Abwasserrohre schädigen könnten. Dem entsprechend haben diese Stellen meist volle Sonne. Das Gewicht der Strohballen und Ihrer Schritte wird die Rohre auch nicht beschädigen. Ich habe schon oft gesehen, wie dieser „verschenkte" Platz erfolgreich für Strohballen-Gärten genutzt wurde.

**F: Warum ist mein Basilikum nur so spindeldürr?**

**A:** Schönes Basilikum anzubauen ist nicht schwer. Wenn Sie gerne besonders dichte, buschige Pflanzen haben wollen, sollten Sie Ihr Basilikum systematisch und sorgfältig zurückschneiden: Immer wenn die Pflanze drei Blätterpaare hat, schneidet man die obersten Blätter ab, am besten mit einer spitzen Schere, um auch die letzten Blättchen an jedem Stängel zu erreichen. Sie werden sehen, dass in wenigen Tagen an der Stelle, wo Sie die Spitzen geschnitten haben, zwei neue Stängel sprießen. Wenn also diese beiden Stängel je drei neue Blätter bekommen, schneiden Sie wieder die obersten Blättchen ab, damit noch zwei neue Zweige entstehen. Wiederholen Sie das fünfmal. Dann sollten Sie eine Pflanze mit 32 Stängeln im Garten haben – ein prachtvolles, dichtes, gesundes und köstliches Basilikum.

### F: Was ist, wenn ich große Bäume und Wurzeln im Hof habe?

**A:** Große Bäume im Hof können es zwar schwierig bis unmöglich machen, die Erde umzugraben. Aber Strohballen-Gärten kann man aber auch ohne weiteres auf hartem Boden anlegen. Den Bäumen und Wurzeln wird das überhaupt nicht schaden.

### F: Kann ich Strohballen auch benutzen, wenn sie schon ein paar Jahre alt sind?

**A:** Wenn die Strohballen intakt genug sind, um transportiert zu werden, sind sie auch noch gut genug für den Gemüseanbau. Sollte der Zersetzungsprozess schon so weit fortgeschritten sein, dass die Ballen auseinanderfallen, sind sie aber unbrauchbar. Manchmal gibt es relativ günstig Strohballen zu kaufen, die erst kürzlich nass geworden sind – da sollten Sie auf jeden Fall zugreifen. Sie sind für den Landwirt schwerer verkäuflich, sodass Sie bestimmt einen günstigen Preis aushandeln können.

### F: Soll ich die Strohballen aushöhlen und mit Gartenerde füllen, wenn ich pflanze?

**A:** NEIN, das wäre keine gute Idee und würde viele der Vorteile, die der Anbau auf Strohballen hat, zunichte machen. Bei unserer Methode wird das Innere des Strohballens selbst zum Substrat, in das Sie pflanzen, und es enthält weder Unkrautsamen noch bodenbürtige Krankheiten oder Erreger. Lassen Sie die Erde ganz außen vor und verwenden Sie ausschließlich erdeloses, steriles Substrat, wenn Sie auf den Ballen im Saatbett aussäen oder Setzlinge mit offen liegenden Wurzeln einpflanzen wollen.

### F: Warum nennen Sie es "präparieren" und nicht „kompostieren"?

**A:** Traditionell ist „kompostieren" ein Prozess, bei dem man einen Haufen gemischter Pflanzenabfälle regelmäßig wendet und ständig neue Biomasse darauf legt, bis der gesamte Haufen zersetzt ist. Da wir weder das Stroh im Inneren der Ballen wenden noch weitere Biomasse hinzufügen, kompostieren wir nicht im herkömmlichen Sinne. Darum nenne ich den ganzen Prozess „Strohballen präparieren". Es bedeutet, die Strohballen in einen angemessenen Zersetzungsgrad zu versetzen, der es jungen Pflänzchen erlaubt, darauf zu gedeihen.

### F: Wie viele Strohballen muss ich bepflanzen, um eine Familie zu ernähren?

**A:** Ich würde vorschlagen, dass Sie mit 5 Strohballen pro Kopf anfangen. Das reicht, um die ganze Saison hindurch frisches Gemüse zur Verfügung zu haben, ist aber nicht so viel, dass man viel verschenken oder einmachen müsste.

**F: Wo bekommt man Strohballen her?**

**A:** Normalerweise haben die Gärtnereien und Gartencenter im Herbst Strohballen im Angebot. Sie werden als Dekoration oder auch zur Wärmedämmung benutzt - viele Leute decken ihre mehrjährigen oder nicht ganz winterharten Pflanzen im Winter mit Stroh ab. Die andere Möglichkeit ist, auf dem Land einen Laden für Landwirtschaftsbedarf ausfindig zu machen. Oder Sie besuchen die Website von www.heu-stroh-boerse.de, wo es eine Liste von Lieferanten gibt. Sie können durch Eingeben der Postleitzahl einen Anbieter in Ihrer Nähe finden.

**F: Mein Hof ist sehr schattig. Was kann ich dort anpflanzen?**

**A:** Pflanzen, die etwas Schatten vertragen können, sind zum Beispiel: verschiedene Salate, Kohlköpfe, Koriander, Salbei, Rucola, Asiasalat, Mangold, Blattkohl, Kopfsalat, Mesclun-Salat, Senf, Erbsen und Bohnen, Wurzelgemüse, Frühlingszwiebeln und Spinat. Aber zwei bis fünf Sonnenstunden pro Tag brauchen auch sie. Wenn Sie den ganzen Tag Schatten haben, sollten Sie die Sache vergessen, denn da wird nichts wachsen.

**F: Kann ich auch im Winter auf Strohballen anpflanzen?**

**A:** Ja, fangen Sie einfach im Spätsommer erst an, die Strohballen zu präparieren, etwa zwei Wochen vor Ihrem gewünschten Pflanztermin. Die Ballen werden sich sehr gut zersetzen und bis tief in den Herbst hinein schön warm bleiben - was im Herbst genau so vorteilhaft ist wie im Frühjahr. Die Gärtner, die das Glück haben, in einer Klimazone zu leben, die den Anbau im Winter erlaubt, sind immer sehr erfolgreich mit der Strohballen-Gärtnerei.

**F: Kann ich Ihre Methode auch in der Halbwüste im Südwesten der USA anwenden?**

**A:** Harten und trockenen Boden umzugraben kann wirklich anstrengend sein. Der Anbau auf Strohballen dagegen ist selbst im Halbwüstenklima ganz unproblematisch, da die Ballen hervorragend Feuchtigkeit speichern. Halten Sie Ihre Strohballen schön feucht, und verlegen Sie unbedingt Kaninchengitter darunter, um Schlangen und Nagetiere fernzuhalten – das kühle, feuchte Stroh ist wunderbar für Pflanzen, aber es kann auch für andere Wüstenbewohner auf der Suche nach einer Oase durchaus attraktiv sein.

**F: Kann ich die Strohballen auf meine Holzterrasse legen?**

**A:** Es ist nicht empfehlenswert, die Holzoberfläche über einen längeren Zeitraum mit den feuchten Strohballen in Kontakt zu bringen. Durch die konstante Feuchtigkeit können sich die Holzbohlen verziehen, und das Holz kann sich wellen und verrotten. Versuchen Sie es mit einer Gummimatte, die Sie im Handel für Landwirtschaftsbedarf bekommen. Diese Gummimatten werden normalerweise als Unterlage in Viehställen benutzt, sind aber für unseren Zweck genau so geeignet. Kunststoffmatten funktionieren nicht so gut wie Gummimatten. Diese haben oft einen Profilboden, der die Drainage und die Luftzirkulation gewährleistet.

# DIE PFLANZEN

BEI DER AUSWAHL DER PFLANZEN, die Sie in Ihrem Strohballen-Garten anbauen wollen, sollten Sie sich in erster Linie die
Frage stellen: „Was esse ich eigentlich gerne?" Darüber hinaus macht
es natürlich auch Spaß, etwas Neues auszuprobieren, das Sie bisher
nur beim Einkaufen gesehen haben. Die Informationen auf den
folgenden Seiten sind dazu gedacht, Ihnen die Pflanzenauswahl zu
erleichtern. Wir beschäftigen uns damit, wie man am besten pflanzt
oder aussät, und wie man die Setzlinge so pflegt, dass die Ernte am
ertragreichsten wird. Wir empfehlen Ihnen bestimmte Sorten von
jeder Pflanze, und schlagen auch ein paar Rezepte vor. Noch mehr
Rat und Informationen zum Selbstanbau bekommen Sie auch immer
bei den Beratungsstellen der Gemeinden – die wissen gut Bescheid
und können Ihnen auch die für Ihre Gegend am besten geeigneten
Pflanzen empfehlen.

# BASILIKUM

Basilikum ist eine zarte, mehrjährige Pflanze, die wie eine Einjährige angebaut wird. Die am weitesten verbreitete Sorte wird ungefähr 45 cm hoch. Basilikum schmeckt köstlich und wächst üppig vom Frühsommer bis zum ersten Frost. Die Pflanzen sind schön genug für Pflanzgefäße und Blumenbeete. Kleinblätterige Sorten machen sich gut als Einfassung von Beeträndern. Manche Züchtungen schmecken leicht nach Zimt, Zitrone oder Limette.

**ANBAU:** Basilikum ist extrem kälteempfindlich. Man kann an Tag 12 des Präparierungs-Prozesses direkt in das Saatbett auf den Strohballen aussäen. Unter der geschlossenen PE-Decke gedeihen die Pflänzchen sehr schnell. Öffnen Sie diese am besten erst eine Woche nach dem letzten Frost. Der Pflanzabstand sollte ca. 25 bis 30 cm betragen, sodass 6 Pflanzen auf der Oberfläche eines durchschnittlichen Strohballens oder 3 an jeder Seite Platz haben. Ich säe meistens doppelt so eng aus und pflanze später jeden zweiten Setzling woanders im Garten aus.

**PFLEGE:** Die Pflanzen dürfen auf keinen Fall austrocknen. Düngen Sie alle zwei Wochen mit einem wasserlöslichen Dünger. Schneiden Sie die Triebe ab, um die Pflanze schön buschig zu machen, und zwar immer genau über einem Blätterpaar. Entfernen Sie die Blütendolden. Man kann die Pflanzen im Hochsommer etwa um die Hälfte zurückschneiden. Basilikum ist eigentlich unproblematisch, bekommt aber oft Pilze und ist, wie bereits erwähnt, kälteempfindlich.

**ERNTE:** Pflücken Sie Blätter, wann immer Sie welche benötigen. Ernten Sie die Blätter zum Einfrieren oder Trocknen, kurz bevor die Pflanzen blühen.

**SORTEN:** 'Italienisches Großblatt', 'Genovese' und das 'Salatblättrige Basilikum' sind gute Standardsorten. 'Dark Opal' hat lila Blätter und 'Rotes Krauses' hat gekräuselte lilafarbene Blätter. Man kann mit beiden wunderbar Essig aromatisieren, außerdem sehen sie sehr schön aus. Das Thai-Basilikum 'Siam Queen' ist toll für asiatische Rezepte, und 'Spicy Globe' ist eine besonders dekorative Sorte, deren Blätter eine gleichmäßige Kugel von etwa 20 cm im Durchmesser bilden.

**VERZEHR:** Frisch in Salaten, gemischt mit fast allen anderen Gemüsesorten, oder zu verschiedenen Käsesorten. Basilikum passt wunderbar zu Tomaten und ist einer der beiden Hauptbestandteile meiner Lieblings-Tomatensuppe. Für frisches Pesto braucht man auch viel Basilikum; dieses lässt sich sehr gut einfrieren und schmeckt immer wieder spektakulär zu Pasta.

# BRECHBOHNEN

Auch bekannt als Fadenbohnen oder grüne Bohnen. Brechbohnen gibt es als Busch- und Stangenbohnen. Die Buschbohnen werden 30 bis 60 cm hoch und wachsen in Reihen im Abstand von 5 cm auf den Ballen. Stangenbohnen werden bis zu 4,50 m hoch und breit, benötigen unbedingt Rankhilfen und produzieren viel mehr Bohnen als die Buschbohnen. Brechbohnen können gelb (Wachsbohnen), oder lila sein. Die italienischen Romano-Bohnen haben breitere, flachere Schoten.

**ANBAU:** Säen Sie am 12. Tag in das Saatbett auf den Strohballen aus und lassen Sie das PE-Zelt geschlossen, bis es keinen Frost mehr gibt. Säen Sie die Samen 2,5 cm tief und im Abstand von 4 cm in das Saatbett. Buschbohnen tragen stark, aber nicht sehr lange. Am besten pflanzen Sie im Schachbrettmuster, maximal 12 bis 16 Samen pro Ballen. Wenn Sie bis zum Hochsommer alle zwei Wochen je vier Samen aussäen, haben Sie ca. 60 Tage nach der Aussaat garantiert Nachschub an frischen Bohnen bis zum Saisonende. Stecken Sie als Kletterhilfe dünne, ca. 1,20 m hohe Pflanzstöcke zwischen die Setzlinge in die Kanten der Strohballen. Neigen Sie die Stöcke schräg zur Mitte. Die Bohnen klettern daran hoch und dann weiter am Spalier. Bohnen, die direkt unter dem Rankgitter eingepflanzt werden, können auch gleich daran hoch wachsen. Um die Ernte zu verlängern, sollten Sie bis zu 12 Wochen vor dem ersten erwarteten Frost nacheinander jede Woche je 4 Samen aussäen.

**PFLEGE:** Buschbohnen muss man auf 10 bis 15 cm Pflanzabstand ausdünnen, und man kann nur 2 Reihen pro Strohballen, eine Reihe an jeder Längsseite, anbauen. Bohnen brauchen selten zusätzlichen Stickstoff-Dünger, profitieren aber von der Zugabe von Phosphor und Kalium. Sie sollten die Kletterhilfen unbedingt vor der Pflanzung bzw. Aussaat installieren. Bohnen sind anfällig für: Pilzbefall wie z.B. Rostpilz, Mehltau, Blattläuse, Käfer, Zwergzikaden, Miniermotten und weiße Fliegen.

**ERNTE:** Bohnen pflücken, wenn sie noch dünn und zart sind, bevor die Bohnenkerne zu groß werden. Schoten vorsichtig abzupfen oder abschneiden, um die Pflanze nicht aus Versehen mit herauszuziehen. Alle paar Tage pflücken, damit weiter Bohnen nachwachsen.

**SORTEN:** 'Blue Lake' oder 'Bush Blue Lake', 'Derby', 'Kentucky Wonder', 'Provider' und 'Romano'.

**VERZEHR:** Roh essen oder 2 bis 3 Minuten mit Öl, Salz und Pfeffer dünsten. Möglichst gleich am Erntetag verbrauchen.

## ROTE BETE

Rote Bete ist ein Favorit vieler Strohballen-Gärtner. Es ist ein extrem süßes und schmackhaftes Gemüse, das in vielen Farben und Formen bei uns auf dem Markt ist.

**PFLANZEN:** Säen Sie an Tag 12 und danach weiter im Wochentakt. Die Samen müssen 2,5 cm tief und im Abstand von 7 bis 15 cm im Schachbrettmuster ins Saatbett.

**PFLEGE:** Gleichmäßig wässern und regelmäßig düngen.

**ERNTEN:** Ziehen Sie die Rote Bete, wenn sie die Größe eines Golfballs erreicht haben. Die jungen Blätter kann man auch als Salat essen.

**SORTEN:** 'Forono', 'Chioggia', 'Moneta', 'Libero', 'Bikores'

**VERZEHR:** Roh schmecken sie schon toll, aber in Butter gedünstet mit Salz und Pfeffer sind Rote Bete einfach phänomenal. Oft werden sie gekocht und kalt oder sauer eingelegt serviert. Ihr Saft hat auch viele Verwendungsmöglichkeiten. Püriert sind sie die Grundlage für die berühmte russische Suppe, den Borschtsch.

## BROKKOLI

Bei diesem Früh- oder Spätgemüse isst man den Blütenstand, bevor die Knospen sich öffnen. Moderne Züchtungen produzieren weitere, große Blütenköpfe und Seitentriebe im Überfluss, nachdem der mittlere Kopf geerntet wurde.

**PFLANZEN:** Säen Sie drinnen aus, sechs bis acht Wochen vor dem geplanten Pflanzdatum, oder kaufen Sie die Pflanzen im Frühjahr. Die Setzlinge können an Tag 12 direkt in den Strohballen eingepflanzt werden. Sie müssen nur zugedeckt werden, wenn es nachts sehr kalt wird. Stecken Sie zur Sicherheit einen Raupenring aus Karton um die Stängel der jungen Pflänzchen, auch wenn man normalerweise im Strohballen-Garten keine Probleme mit Raupen hat. Der Pflanzabstand kann 20 bis 45 cm betragen, und Sie können 4 bis 9 Pflanzen pro Strohballen anbauen, je nach Sorte und je nach dem, wie groß die mittleren Köpfe werden sollen. Für eine zweite Ernte im Herbst kann im Frühsommer direkt wieder eingesät werden. Sorgen Sie dafür, dass die Setzlinge auch in den Sommermonaten feucht genug bleiben.

**PFLEGE:** Die Pflanzen bauen bei großer Hitze schnell ab, schneiden Sie also alle Frühjahrspflanzen ab, damit die Herbst-Setzlinge gut gedeihen können. Im Herbst werden die Pflanzen eventuell einige leichte Fröste überstehen, wodurch die Blätter einen bronze- oder lilafarbenen Schimmer bekommen, wenn die Pflanze zu wenig Kalium hat. Mögliche Probleme können Kohlhernie, Kohlraupen, Blattläuse und Erdflöhe sein. Kohlraupen beschränken sich normalerweise auf die Blätter. Sollten Sie welche in den Köpfen entdecken, nehmen Sie die Raupen heraus oder tauchen Sie den Brokkoli in Salzwasser, dann schwimmen die Raupen bald an der Oberfläche.

**ERNTE:** Brokkoli sollte geerntet werden, wenn die Knospen noch zu sind, und bevor sie sich gelb verfärben. Schneiden Sie mit einem scharfen Messer ca. 5 cm unterhalb des Kopfes ab. Die Seitentriebe können nachträglich geerntet werden, da sie erst weiter wachsen, wenn der mittlere Kopf abgeschnitten wurde.

**SORTEN:** 'Marathon', 'Milady', 'Monterey'

**VERZEHR:** Entweder frisch aus dem Garten roh essen oder zwei bis drei Minuten dünsten, und mit etwas Butter oder Öl, Salz und Pfeffer genießen.

# KOHLKÖPFE

Kohl gibt es in sehr vielen Formen, Größen und Farben, als grüne, blaugrüne und rote Sorten. Die Blätter können glatt oder gekräuselt (Wirsing) sein. Die Köpfe entwickeln sich bei kühlen Temperaturen, sodass man sie so früh wie möglich pflanzen sollte, um im Frühjahr schon zu ernten. Es gibt frühreife Sorten (50 bis 60 Tage nach dem Einpflanzen) und spät reifende (85 Tage oder mehr). Die spät reifenden Sorten eignen sich am besten zum Einlagern und sollten so gepflanzt werden, dass sie im Herbst erntereif sind. Kohlköpfe sind eines der wenigen Gemüse, die auch im leichten Schatten gedeihen und milden Frost überstehen.

**PFLANZEN:** Am besten vier bis sechs Wochen vor dem Pflanztermin gezogene Setzlinge verwenden, oder fertige Setzlinge kaufen und diese an Tag 12 pflanzen. Der Pflanzabstand sollte 25 bis 50 cm betragen, es sollten 3 bis 5 Pflanzen pro Ballen sein. Sie können zur Sicherheit einen Raupenring aus Karton an den Stängeln befestigen, obwohl Raupen normalerweise im Strohballen-Garten kein Problem sind.

**PFLEGE:** Drei Wochen nach dem Einpflanzen sollten die Setzlinge zusätzlich mit einem konzentrierten Stickstoffdünger behandelt werden. Die Pflanzen mögen gerne viel Kalium. Wenn die Blätter einen bronzefarbenen Schimmer bekommen, ist das ein Anzeichen für Kaliummangel. Kohlpflanzen sind anfällig für Schwarzfäule, Pilzbefall, Blattläuse, Kohlspanner-Raupen, Kohlraupen, die Maden der Kohlwurzelfliege, Erdflöhe und Schnecken.

**ERNTE:** Die Kohlköpfe können geerntet werden, wenn sie fest sind. Schneiden Sie die Köpfe mit einem scharfen Messer ab, wobei so viel vom Strunk wie möglich an der Pflanze bleiben sollte, damit ein zweiter Kohlkopf wachsen kann. Pflanzen Sie andere Gemüse, die später reifen, um den Kohl herum, sodass die anderen Setzlinge den Strohballen übernehmen können, wenn Sie die Kohlköpfe geerntet haben.

**SORTEN:** 'Dithmarscher Früher, 'Premiere', 'Marner Lagerweiß' (Weißkohl), 'Subaro F1' (Rotkohl), 'Hammer' (Wirsing)

**VERZEHR:** Ganz frisch gehobelt als Krautsalat oder gedünstet mit etwas Butter, Öl, Salz und Pfeffer. Kohl wird in fast allen Kulturen der Welt gerne verarbeitet und gegessen. Mein persönlicher Favorit ist Sauerkraut – vielleicht, weil ich deutsche Vorfahren habe?

# MÖHREN

Diese allseits beliebten, essbaren Wurzeln gibt es in der üblichen Größe und Form, außerdem noch als kleinere Karotten und als runde Züchtungen. Junge Möhren können innerhalb von 50 Tagen nach dem Anbau geerntet werden, und die zart gerüschten, grünen Spitzen sind eine hübsche Verzierung für Ihre Strohballen. Möhren gedeihen ausgezeichnet im lockeren Stroh.

**PFLANZEN:** Am 12. Tag direkt an sonnige Stellen aussäen, und dann den ganzen Sommer über immer wieder. 10 oder 12 Wochen vor dem ersten Herbstfrost sollten Sie ein letztes Mal aussäen, um die Möhren über den Winter einlagern zu können. Die Samen kommen im Schachbrettmuster 6 cm tief im Abstand von 5 bis 10 cm ins Saatbett, oder man vereinzelt sie später auf den gewünschten Pflanzabstand. Sie können jetzt bis zum Hochsommer wöchentlich immer weiter aussäen. Weichen Sie die Saat vor dem Einsäen 6 Stunden in Wasser ein, um das Aufgehen zu beschleunigen. Dies kann bis zu 10 Tage dauern.

**PFLEGE:** Möhren kommen in den Strohballen hervorragend zurecht. Normalerweise reicht schon die kleinste Unebenheit im Erdreich aus, um die Wurzeln zu verbiegen oder zu gabeln. Die Möhren aus der Strohballenzucht dagegen sehen immer sehr schön aus, da das Innere der Ballen lose und flexibel ist. Es ist besser, beim Vereinzeln die überzähligen Setzlinge mit einer spitzen Schere abzuschneiden als sie herauszuziehen. Vermeiden Sie es, den Pflanzen zu viel Stickstoff zuzuführen, denn das kann auch dazu führen, dass sich die Wurzeln gabeln und haarig werden. Häufeln Sie etwas Substrat auf die Möhren, wenn die Enden aus dem Strohballen herausragen, sonst werden diese grün und bitter. Möhren sind anfällig für Braunfäule, ein Bakterium mit dem Namen Phytoplasma, Pilzbefall, Drahtwürmer, Möhrenrostfliegen und Zwergzikaden. Decken Sie die Pflanzen am besten ab, um sie vor Insekten zu schützen.

**ERNTE:** Sie können anfangen zu ernten, sobald die Möhren groß genug sind, oder sobald sie eine schöne, orangerote Farbe haben.

**SORTEN:** 'Chantenay', 'Duwicker', 'Touchon'

**VERZEHR:** Frisch und roh sind sie am besten, aber gedünstete Möhren mit leichter Honigglasur, Salz und Pfeffer sind auch nicht zu verachten. Frische Möhren kann man übrigens gleich im Garten naschen. Ich schabe dazu nur kurz mit dem Taschenmesser die äußere Haut ab: eine knackfrische, orange glänzende Köstlichkeit.

# SCHNITTLAUCH

Schnittlauch ist hart im Nehmen und sehr einfach anzubauen. Er ist mehrjährig und wächst in dicken, grasartigen Büscheln, die bis zu 25 cm hoch werden können. Man kann die gesamte Pflanze essen, aber er wird normalerweise wegen seiner grünen Stängel gezüchtet, die einen milden Zwiebelgeschmack haben. Man kann sie immer wieder nach Bedarf schneiden, denn sie wachsen schnell nach. Die Pflanzen sind sehr dekorativ, besonders wenn im späten Frühling die hübschen, lila Blüten erscheinen, was sich auf den Strohballen sehr gut macht. Bedecken Sie die Wurzeln im Winter, dann können sie im Frühjahr wieder an Tag 12 in die frisch präparierten Strohballen umgepflanzt werden.

**PFLANZEN**: Am einfachsten ist es, sich von Freunden oder Nachbarn ein Büschel zu holen; diese lassen sich jederzeit sehr einfach trennen. Man kann Schnittlauch natürlich auch aussäen, aber es dauert relativ lange, bis die Saat aufgeht, Sie brauchen also etwas Geduld. Sie werden für Ihren Jahresbedarf kaum mehr als ein oder zwei große Pflanzen brauchen.

**PFLEGE**: Schnittlauch sät sich wunderbar von alleine aus. Wenn Sie nicht Hunderte Pflanzen über den ganzen Garten verteilt haben wollen, sollten Sie immer die Blüten abpflücken, sobald diese braun werden. Das verhindert auch, dass die Pflanze das Wachstum einstellt. Teilen Sie die Büschel alle drei oder vier Jahre, damit die Pflanzen kräftig bleiben. Für den Winter können Sie ein kleines Büschel eintopfen und ins Haus bringen, sobald der Winter hereinbricht. Schnittlauch hat keine nennenswerten Probleme mit Schädlingen und benötigt selten zusätzlichen Dünger.

**ERNTE**: Schneiden Sie die Halme mit einem scharfen Messer ca. 5 cm über der Wurzel ab, sobald die Pflanzen 15 cm hoch sind. Wenn Sie ein ganzes Büschel abschneiden, geben Sie ihm einige Wochen Zeit, nachzuwachsen. Versuchen Sie lieber nicht, die Halme weiter oben abzuschneiden, sonst vertrocknet der angeschnittene Halm, und die Pflanze wird durch die langen, toten Halme unansehnlich.

**SORTEN**: Die Sorte *Allium schoenoprasum* wird normalerweise für den Verzehr angebaut. Andere Sorten werden eher wegen ihrer auffälligeren Blüten gezüchtet, zum Beispiel die ausgesprochen schön rosa blühende 'Forescate'.

**VERZEHR**: Ich verwende Schnittlauch in vielen Gerichten, er harmoniert beispielsweise besonders gut mit Eierspeisen. Schneiden Sie ein Dutzend Halme ab, vergessen Sie das Abwaschen und das Schneidebrett, und schnippeln Sie mit der Schere kleine Röllchen direkt ins Rührei in der Pfanne. Ein paar schöne Schnittlauchblüten in Quiches, Suppen, oder auf belegten Broten sind köstlich und geben ein interessantes Gesprächsthema ab – und sie eignen sich super zum Garnieren.

# KORIANDER

Koriander wird wegen seines Grüns und wegen der Samen gezüchtet. Die Blätter und Stiele haben ein ganz besonderes Aroma und erinnern vom Aussehen an glatte Petersilie. Die Pflanzen wachsen sehr schnell, wobei sie bis zu 45 cm hoch werden, verrotten aber nach 2 Monaten wieder. Solange sie grün sind, sehen sie auch im Blumenbeet toll aus – wenn sie anfangen braun zu werden, natürlich nicht mehr so sehr. Koriander verträgt Teilschatten und gedeiht sehr gut auf Strohballen.

**PFLANZEN**: An Tag 12 sät man im Schachbrettmuster 18 bis 24 Samen pro Strohballen aus, in einer Tiefe von 1,25 cm und im Abstand von 15 cm. Um für den gesamten Sommer frischen Koriander zur Verfügung zu haben, können Sie bis zum Spätsommer alle paar Wochen neu aussäen. Die Setzlinge machen sich übrigens auch gut in den Seiten der Strohballen. Die Pflanzen trocknen leicht aus, sorgen Sie also für regelmäßige Bewässerung.

**PFLEGE:** Koriandersaat braucht reichlich Wasser, um zu keimen. Wenn es heiß ist, schosst (unerwünscht frühe Blüte) die Saat schnell, aber die Blätter haben dann kein gutes Aroma. Lassen Sie die Pflanzen zur gegebenen Zeit vertrocknen, um die Samen zu ernten. Koriander hat keine Schädlinge.

**ERNTE:** Pflücken Sie die Blätter nach Bedarf ab. Die Samen reifen im Spätsommer oder Herbst. Man sammelt sie am besten ein, bevor sie zu Boden fallen.

**SORTEN:** 'Caribe', 'Slow Bolt' und 'Santo' sind spät schossende Sorten.

**VERZEHR:** Frisches Koriandergrün ist ein dominantes Kraut, das vielen Gemüsegerichten der mexikanischen, südostasiatischen und chinesischen Küche sein unverwechselbares Aroma verleiht. Mit Koriander werden Guacamole und Salsa erst richtig gut. Die Samen sind hervorragend, um Gemüse damit einzulegen, außerdem werden sie zum Würzen von Wurst verwendet. Die Wurzeln sind ein wichtiger Bestandteil von Curry-Pasten.

# GURKEN

Dieses Gemüse gedeiht in den warmen Monaten. Es gibt Gurken als Kletterpflanzen und als kompakte Busch-pflanzen. Die Ranken benötigen 1,80 – 2 m Platz, die Busch-Sorten nur 60 bis 90 cm. Rankpflanzen sind ergiebiger, aber die Busch-Sorten tragen früher, sind einfacher zu pflegen und man kann einfacher ernten. Kleine Gurken zum Einlegen sind etwa 2 Wochen vor den Salatgurken reif, die dafür bis zu 6 Wochen länger tragen. Man kann aber beide Gurkenarten jeweils roh essen oder früh einlegen, wenn sie noch klein sind.

**PFLANZEN:** Gurken können direkt an Tag 12 ausge-pflanzt werden. Wenn Sie früh ernten möchten, sollten die Setzlinge aber 3 Wochen vor dem geplanten Pflanz-datum im Haus gezogen werden, oder Sie kaufen diese im Gartencenter. Wenn man länger ernten möchte, kann man zusätzlich Gurkensamen aussäen, wenn die ersten Setzlinge gepflanzt werden. Pflanzen Sie alle 2 Wochen 5 bis 6 neue Samen pro Ballen im Schachbrettmuster im Abstand von 45 cm. Die Rankpflanzen sollten eine Kletterhilfe bekommen und später am Spalier entlang wachsen. Den Busch-Sorten reichen die unteren Drähte des Rankgitters, oder sie wachsen an den Seiten der Ballen herunter.

**PFLEGE:** Gurkenpflanzen benötigen Wärme und reich-lich Wasser, um zu gedeihen. Blasse Blätter weisen auf einen Stickstoffmangel hin, und bräunliche Verfärbun-gen auf Kaliummangel. Verwachsene Früchte sind ein Anzeichen für Trockenstress. Gurken sind anfällig für Anthraknose, das Mosaikvirus, Gurkenkäfer, Blattläuse und Glasflügler-Raupen. Knipsen Sie die Spitze der Pflanze ab, sobald sie das oberste Rankgitter erreicht hat.

**ERNTE:** Gurken wachsen ausgesprochen schnell, manch-mal 7 bis 10 cm pro Tag, und die tragenden Pflanzen müssen täglich begutachtet werden. Man sollte die Früchte am besten ernten, solange sie klein sind (zum Einlegen: 7 – 10 cm, Salatgurken: 15 – 20 cm). Größere Früchte haben viele Kerne und schmecken leicht bitter - sie müssen also gleich auf den Kompost.

**SORTEN:** 'Regal F1' oder 'Weiße Spangenberg' zum Einlegen; 'Ladiva', 'Chinese Slangen', 'Marketmore' und 'Klostergurke' als Salatgurken.

**VERZEHR:** Wunderbar frisch im Salat und auf beleg-ten Broten. Manche Sorten haben so dünne Schalen, dass man diese mitessen kann, andere schmecken besser geschält. Aus kleinen Gürkchen werden ausgezeichnete saure Gurken, ob mit Dill oder süß-sauer.

# DILL

Dill ist eine einjährige Pflanze mit schmackhaften Blätt-chen, die vom Frühsommer bis zum ersten Frost geerntet werden können. Er wird, wenn es ihm gut geht, bis zu 90 cm hoch. Die zarten Blättchen und spitzenartigen gelben Blüten sind im Hochsommer am schönsten. Mit seinem filigranen Grün und den hohen Blüten lässt sich Dill auch unter die Zierpflanzen mischen, aber Vorsicht: er lässt wirklich viele Samen fallen. Die Maden der Schmetterlingsart „Schwarzer Schwalbenschwanz" fressen Dill.

**PFLANZEN:** Beginnen Sie an Tag 12, und säen Sie dann alle 3 Wochen neu aus, um ausreichend Nachschub für die ganze Saison zu haben. Pflanzen Sie die Samen im Abstand von 15 bis 20 cm im Schachbrettmuster, oder pflanzen Sie Setzlinge in die Seitenflächen der Ballen. Wenn Sie den Dill zum Einlegen brauchen, sollten Sie im späten Frühling aussäen. Die Saat geht besser auf, wenn sie Licht bekommt, Sie sollten also – wenn über-haupt – nur eine dünne Schicht Substrat darüber geben.

**PFLEGE:** Dill kann nachmittags etwas Schatten vertra-gen, lässt sich nicht gut verpflanzen und hat keinerlei Schädlinge.

**ERNTE:** Ernten Sie Dillkraut nach Bedarf, aber schnei-den Sie nie mehr als ein Fünftel des Grüns ab, sonst schwächen Sie die Pflanze. Die Blütenstände können Sie ernten, wenn sie halb geöffnet sind, und die Samen, wenn die Blütenstände braun geworden sind. Um die Samen aufzufangen, hängt man die Büschel kopfüber in Papiertüten zum Trocknen auf. Dill lässt sich gut einfrieren.

**SORTEN:** 'Dukat', 'Tetra' und 'Superdukat' sind spät-schossende Sorten. 'Fernleaf' wird buschiger und hat mehr dekoratives Grün.

**VERZEHR:** Dillkraut schmeckt toll in Salaten, Suppen oder Saucen, wird aber auch häufig zum Gurken einlegen und zur Zubereitung von Fisch verwendet. Der leichte Anisgeschmack ist in den Samen noch dominanter als im Kraut. Wenn Sie Gurken anbauen, lohnt es sich auf jeden Fall, auch Dill auszusäen – vor allem, wenn Sie die Gurken einlegen wollen, denn dann brauchen Sie eine ganze Menge davon.

# KNOBLAUCH

Dieser Verwandte der Zwiebel wächst aus einer in Zehen aufgeteilten Knolle. Der Knoblauch ist eine zähe, winterharte Pflanze. Am besten pflanzt man ihn schon im Herbst an, denn es dauert etwa 8 Monate, bis er reif ist. Die beiden häufigsten Sorten sind 'Softneck'- und 'Hardneck'-Knoblauch. 'Softneck'-Knoblauch, der am häufigsten verkauft wird, hat einen biegsamen Mittelstiel und hält sich sehr gut. 'Hardneck'-Knoblauch hat einen harten Mittelstiel, der am Ende etwas eingerollt ist. Er ist zwar unempfindlicher gegen Kälte, hält sich aber nicht besonders gut. Heben Sie ein paar der größten Zehen auf, um sie im nächsten Jahr einzupflanzen. Verwenden Sie dazu lieber keinen Knoblauch aus dem Supermarkt.

**PFLANZEN**: Einzelne Zehen können direkt in die präparierten Strohballen eingepflanzt werden, etwa 6 Wochen, bevor der erste Schnee erwartet wird. Das kann im frühen Oktober sein, je nach dem, wo Sie leben. Diesen Strohballen müssen Sie 2 Wochen vorher präparieren. Da er hauptsächlich zum Anbau des Knoblauchs dienen wird, müssen Sie sich nur nach diesem einen Pflanztermin richten. Pflanzen Sie die Zehen mit dem spitzen Ende nach oben direkt in das Stroh, etwa 12 cm auseinander im Schachbrettmuster. Sie können pro Ballen etwa 34 bis 40 Zehen pflanzen.

**PFLEGE:** Nach dem Pflanzen mit Substrat bedecken, um die Feuchtigkeit zu speichern. Bringen Sie eine zweite Schicht Substrat auf, sobald die erste Schicht gefriert. Gießen Sie nicht mehr, nachdem die Blätter sich gelblich verfärben oder abfallen. Schneiden Sie die Blütenstiele ab, damit die Knolle unten sich besser entwickeln kann. Knoblauch hat keine Schädlinge.

**ERNTE:** Man kann die Blätter ernten und wie Schnittlauch verwenden. Achten Sie aber darauf, dass Sie nicht mehr als ein Viertel des Grüns auf einmal abschneiden. Die Knollen können geerntet werden, sobald etwa drei Viertel des Grüns vergilbt ist. Graben Sie vorsichtig ein paar Pflanzen aus und prüfen Sie, ob die Knollen schon sichtbare Zehen haben, die sich voneinander lösen. Breiten Sie die ganzen Pflanzen nebeneinander an einem warmen, trockenen Ort zum Trocknen aus. Nach 2 bis 3 Wochen, wenn die Knollen trocken sind, können Sie diese säubern und von Wurzel- und Blattresten befreien. Lassen Sie einen 1,5 cm langen Stiel an den Knollen.

**SORTEN:** 'Rocambole', 'Italienischer Rosafarbener, 'Porcelain' (Hardneck). 'Artichoke', 'Silverskin' (Softneck)

**VERZEHR:** Es gibt eigentlich kaum herzhafte Gerichte, die ich nicht mit etwas gehacktem oder gepresstem Knoblauch würze - es ist einer der köstlichsten Geschmacksverstärker für alle Fleischgerichte. In Olivenöl gebraten und mit Salz und Pfeffer zu einer Paste gedrückt, schmeckt er aber auch wunderbar auf Toast, Kürbis oder Kartoffeln.

# KOHLRABI

Der Kohlrabi hat eine große Knolle, aus der Blätter wachsen, die große Ähnlichkeit mit Kohlblättern haben, was sich dadurch erklärt, dass er ein Mitglied der Familie der Kohlgewächse ist. Kohlrabi wächst schnell und gedeiht gut im Strohballen-Garten.

**PFLANZEN**: Pflanzen Sie an Tag 12 die Setzlinge 2 cm tief und im Abstand von 22 bis 25 cm ein, sodass es 10 bis 12 Pflanzen pro Strohballen sind.

**PFLEGE**: Gleichmäßig bewässern. Kohlrabi gehört zur Familie der Kohlgewächse, sodass er für die gleichen Krankheiten und Insekten anfällig ist wie die anderen Kohlarten.

**ERNTE**: Manche Sorten können innerhalb von 6 Wochen reifen, während andere doppelt so lange brauchen. Schneiden Sie die Knollen oberhalb der Wurzel ab, sobald sie die Größe eines Tennisballs erreicht haben. Sie können Kohlrabi gleich noch einmal anpflanzen, sodass sich die Erntezeit sehr einfach verlängern lässt.

**SORTEN**: 'Superschmelz, 'Weißer Wiener', 'Azur'

**VERZEHR**: Kohlrabi schmecken roh (einfach schälen wie Äpfel), oder gekocht. Man kann sie in etwas Butter dünsten, pürieren oder in Suppen verwenden, oder einfach gehobelt als Rohkostsalat essen. Ihre Gäste werden begeistert sein, neue Varianten kennenzulernen.

# LAUCH

Der Lauch gehört zur gleichen Familie wie die Zwiebel, ist aber länger und dicker und hat keine Knolle. Er wird wegen seiner langen Stangen gezüchtet. Lauch ist sehr einfach anzubauen und gedeiht hervorragend im Strohballen-Garten.

**PFLANZEN**: An Tag 12 können die Samen direkt ins Saatbett ausgesät werden, oder Sie benutzen fertige Setzlinge aus der Gärtnerei. Der Pflanzabstand sollte 15 cm betragen, und die Samen werden 2,5 cm tief eingepflanzt. Die Setzlinge können ohne Substrat direkt in den Strohballen.

**PFLEGE**: Gleichmäßig gießen und regelmäßig düngen. Häufeln Sie Substrat zwischen die Pflanzen, wenn sie 30 cm hoch sind und ihre Stangen dicker werden. Das Substrat unterstützt das Bleichen der Stangen, sodass sie bis in den Spätherbst hinein halten. Wenn sie von dem Pilz, der Lauchrost hervorruft, befallen sind, färben sich die grünen Blätter orange. Die Blätter müssen entfernt werden, aber die Lauchstangen sind trotzdem zum Verzehr geeignet. Lauch ist für die gleichen Schädlinge anfällig wie Zwiebeln.

**ERNTE:** Lauch hält sich nicht lange, Sie sollten ihn also nur nach Bedarf ernten. Man kann später angepflanzte Setzlinge bis in den Winter hinein ernten, wenn sie mit Substrat bedeckt sind.

**SORTEN:** 'Upton', 'St. Victor', 'Mammoth 2', 'Longbow'. Die frühreifen Sorten sind etwas besser, zarter und haben weißere Stangen.

**VERZEHR:** Lauch kann man roh essen. Er hat ein mildes, zwiebelähnliches Aroma und schmeckt gut auf belegten Broten. Angebraten oder gekocht ist er außerdem beliebt als Suppengemüse und zum Aromatisieren von Brühe. Schneiden Sie den Lauch sorgfältig, denn die langen Fasern können schwer zu kauen sein.

## SALAT

Die beliebtesten Salate zum selbst anbauen sind Blattsalate, Kopfsalat und Romanasalat. Romana braucht etwas länger, ist aber hitzebeständig und kann Sommertemperaturen gut aushalten. Blattsalate und Kopfsalat bevorzugen die etwas kühleren Temperaturen im späten Frühling und Frühherbst, aber die neueren Züchtungen sind alle spät schossend, sodass die Salatsaison dadurch erheblich länger geworden ist.

**PFLANZEN**: Die sehr kleinen Samenkörner müssen sorgfältig auf das Saatbett verstreut und leicht in das Substrat gedrückt werden. Sie brauchen Licht zum Keimen. Säen Sie an Tag 12 und dann wieder im Hoch- oder Spätsommer aus, um im Herbst noch eine weitere Ernte zu haben. Wenn Sie alle 10 Tage neu aussäen, können Sie Ihre Salatsaison damit nach hinten verlängern. Die Pflanzabstände sollten je nach Sorte 5 bis 45 cm betragen, beachten Sie also die Empfehlung auf dem Saattütchen. Entsprechend können Sie 6 bis 60 Pflänzchen pro Ballen anpflanzen. Salat kann man sehr gut mit Saatpapier aussäen, legen Sie einfach alle 10 Tage ein oder zwei kurze Streifen mit verschiedenen Sorten im entsprechenden Pflanzabstand aus.

**PFLEGE**: Salat braucht regelmäßig und ausreichend Wasser. Den Pflanzen tut es gut, wenn sie immer wieder zusätzlich Stickstoff bekommen. Sobald es heiß wird, verwelken die meisten Salatsorten und müssen herausgezogen werden. Salat bleibt meist verschont von Insekten und Krankheiten, ist dafür aber umso beliebter bei Kaninchen. Andere Probleme könnten Pilzbefall, Mehltau, das Mosaikvirus, Blattläuse, Minierer, Zwergzikaden, Schnecken und Drahtwürmer sein.

**ERNTE**: Ernten Sie die Salatblätter, sobald sie groß genug sind. Benutzen Sie eine scharfe Schere oder ein scharfes Messer und schneiden Sie die Blätter von außen nach innen ab. Salatköpfe können Sie ernten, wenn sie fest und fertig geformt sind. Größer ist hier nicht immer besser, pflücken Sie den Salat also, so früh es geht.

**SORTEN**: 'Eichblatt', 'Lollo Rosso', 'Black-Seeded Simpson' (Blattsalate); 'Buttercrunch' (Kopfsalat); 'Little Gem' (Romana)

**VERZEHR**: Ein frischer Salat mit selbst gemachter Vinaigrette ist einfach unschlagbar. In letzter Zeit bin ich außerdem dazu übergegangen, Wraps mit Salatblättern statt mit Teigfladen zu machen, um weniger Kohlenhydrate zu essen.

# MELONEN

Zuckermelonen stammen ursprünglich aus den Tropen. Aber sie gedeihen gut in nördlicheren Gefilden, solange man sich auf kurzlebige Sorten beschränkt und den Pflanzen den nötigen Vorsprung im Strohballen-Gewächshaus gibt. Säen Sie 3 bis 4 Wochen vor Ihrem Pflanztermin aus, oder kaufen Sie fertig gezogene Setzlinge. Zuckermelonen haben ein Netzmuster auf der Schale und lachsfarbenes, weißes oder hellgrünes Fleisch. Andere Melonensorten wie Honigmelonen und Wassermelonen brauchen länger, um zu reifen, und sind für den Anbau in kälterem Klima nicht gut geeignet.

**PFLANZEN**: Pflanzen Sie 3 oder 4 Samen pro Ballen in einem Abstand von 45 bis 60 cm an Tag 12 direkt ins Saatbett. Ich empfehle, zusätzlich ein paar Setzlinge in den Strohballen zu pflanzen. Stellen Sie unbedingt sicher, dass Ihre PE-Folie fest geschlossen ist, da Melonen-Setzlinge extrem kälteempfindlich sind. Jede Pflanze trägt 2 bis 4 Melonen, die meist etwa zur gleichen Zeit reif sind. Da sie sich nicht lange halten, sollten Sie nicht mehr anbauen, als Sie selbst verbrauchen oder verschenken können. Pflanzen Sie über die Sommermonate jede Woche ein paar weitere Samen, sodass die Melonen nach und nach reifen. Die Pflanzen können zwar am Rankgitter wachsen, aber Sie müssen trotzdem jede einzelne Frucht stützen. Man kann sie auch erst am Rankgitter und dann auf dem Boden zu Ende reifen lassen. Pflücken Sie die Blüten oben im Spalier ab und lassen Sie weiter unten am Rest der Pflanze die Früchte am Boden reifen.

**PFLEGE**: Grundsätzlich geht es Melonen in den warmen Strohballen sehr gut. Mögliche Probleme können sein: Mehltau, Blattkrankheiten, Pilze, Gurkenkäfer, Blattläuse, Kürbiskäfer und Erdflöhe. Schwebende Abdeckplanen und ein geeignetes Pflanzumfeld beugen Krankheiten und Insekten vor.

**ERNTE**: Zuckermelonen „rutschen" förmlich von der Ranke, wenn sie reif sind. Um zu vermeiden, dass die Früchte überreif werden, sollten sie geerntet werden, wenn man sie schon mit einem leichten Zupfen lösen kann.

**SORTEN**: 'Masada F1', 'Cezanne F1', 'Agora F1'. Wenn Sie sich an Wassermelonen versuchen wollen, sollten Sie eine kleinere Sorte wie 'Sugar Baby' nehmen.

**VERZEHR**: Zum Frühstück, Mittagessen oder Abendessen gleich köstlich: Einfach schälen und in Stücke schneiden. Zuckermelonen schmecken auch mit etwas Balsamessig, Meersalz und Pfeffer.

# ZWIEBELN

Zwiebeln sind tageslängenabhängige Pflanzen, und die einzelnen Sorten brauchen unterschiedlich lange Hell-Dunkel-Perioden, um Knollen herauszubilden. Gärtner, die in der nördlichen Hemisphäre leben, sollten Langtagsorten wählen. Zwiebeln mögen es am Anfang kühl, brauchen aber später wärmere Temperaturen, um zu reifen. Es gibt weiße, gelbe und rote Zwiebeln, die zusätzlich durch weitere Kriterien wie Lagerung und Schnittfestigkeit klassifiziert werden. Außerdem gibt es Perlzwiebeln, Frühlingszwiebeln und grüne Zwiebeln.

**PFLANZEN**: Zwiebeln werden meist als Steckzwiebeln eingepflanzt, aber man kann auch Setzlinge nehmen oder Samen aussäen. Diese brauchen aber sehr lange zum Keimen, wenn sie draußen ausgesät werden. Sie drinnen zu ziehen, ist auch nicht ganz einfach. Steckzwiebeln dagegen kann man direkt an Tag 12 in den Strohballen setzen. Drücken Sie dazu die kleine Knolle mit der Spitze nach oben in den Strohballen, sodass Sie das obere Ende gerade noch sehen können. Der Pflanzabstand sollte 5 bis 15 cm betragen, je nach dem, wie groß die Knollen werden sollen. Sie können pro Ballen je nach Sorte 24 bis 60 Zwiebeln anbauen. Frühlingszwiebeln sollten 2,5 cm nebeneinander angepflanzt werden.

**PFLEGE**: Zwiebeln haben flache Wurzeln und benötigen gleichmäßige Feuchtigkeit. Zwiebeln sind anfällig für Pilzbefall, Mehltau, Brand, Zwiebelmaden, Thripse und Drahtwürmer.

**ERNTE**: Frühlingszwiebeln können geerntet werden, sowie sie 15 cm hoch geworden sind. Ziehen Sie einfach vorsichtig daran. Die Zwiebeln zum Einlagern müssen im Strohballen bleiben, bis ihre Blätter anfangen, abzusterben und umzufallen. Nach der Ernte sollten die Zwiebeln 2 bis 10 Tage nebeneinander zum Trocknen ausgebreitet werden.

**SORTEN**: 'Stuttgarter', 'Sweet Sandwich', 'Yellow Sweet Spanish' (Knollen). 'Tokyo Long White', 'White Lisbon' (Frühlingszwiebel)

**VERZEHR**: Frische Zwiebeln schmecken toll in Salaten oder gemischt mit anderen Gemüsesorten. Zwiebelsuppe ist eines der besten Rezepte meiner Frau. Zwiebeln gehören zur Basis vieler Rezepte, einschließlich Fleischgerichten. Frittierte Zwiebelringe sind in den USA eine beliebte Leckerei, auch wenn das vielleicht nicht die gesündeste Darreichungsform ist. Und Hamburger ohne Zwiebelscheiben wären nur halb so schmackhaft - auch wenn Sie danach vielleicht eine Weile niemand mehr küssen will.

# OREGANO

Dieses hübsche, strauchartige, mehrjährige Kraut ist winterhart, kann aber auch in kälterem Klima als einjährige Pflanze angebaut werden. Die Blätter sind grau-grün und im Sommer treibt die Pflanze lose Büschel lila-rosaner Blüten. Doch nicht alle Sorten haben wohlschmeckende, aromatische Blätter. Zum Kochen sind die mit den weißen Blüten und dem botanischen Namen *Origanum vulgare spp. hirtum* oder *O. heraceloticum* am besten. Sie werden normalerweise als Griechischer oder Italienischer Oregano verkauft. Versuchen Sie ein Blättchen, bevor Sie es kaufen, um sicher zu gehen, dass Sie die wohlschmeckenden Sorten kaufen. Oregano sieht sehr dekorativ aus und kann ohne Weiteres auch in Blumengärten angepflanzt werden. Majoran ist mit dem Oregano eng verwandt, ist aber kälteempfindlicher und einjährig.

**PFLANZEN**: Fangen Sie mit Pflänzchen aus der Gärtnerei an, die Sie direkt in den Strohballen einsetzen können. Sie sollten die PE-Decke noch zur Hand haben, bis keine Gefahr mehr besteht, dass es friert. Der Pflanzabstand sollte 30 cm betragen, aber zwei oder drei Pflanzen sollten auch den höchsten Bedarf reichlich decken.

**PFLEGE:** Geben Sie diesem mehrjährigen Pflänzchen einen ruhigen, geschützten Platz zum Überwintern. Im kommenden Frühjahr können Sie es dann in einen frisch präparierten Strohballen umpflanzen. Volle Sonne ist entscheidend für sein Wohlergehen, und grundsätzlich geht es ihm im Strohballen sehr gut. Oregano ist sehr einfach anzubauen, kann sogar mit Dürre umgehen, und ist im Allgemeinen sehr unempfindlich. Seine einzigen Schädlinge sind Spinnmilben.

**ERNTE:** Die Blättchen haben am meisten Aroma, bevor die Pflanzen blühen. Sie können nach Bedarf Blättchen abzupfen, sobald sie groß genug sind. Wenn der Busch 12 cm hoch ist, können Sie ihn komplett zurückschneiden, ein zweites Mal, kurz bevor er anfängt zu blühen, und ein drittes Mal im Spätsommer.

**SORTEN:** 'Compactum' bleibt 5 bis 7 cm hoch und hat ein tolles Aroma.

**VERZEHR:** Frische Blättchen können einfach abgezupft und zum Würzen von Tomatensaucen benutzt werden. Oregano ist für einige Klassiker der italienischen Küche die geschmackliche Basis. Es schmeckt auch großartig zu vielen Fleischsorten, besonders zu Huhn und Lamm, aber auch zu Fisch. Sie können die Blättchen trocknen und in einem gut schließenden Gefäß aufbewahren. Dort behalten sie ihr Aroma mindestens ein Jahr lang.

# PETERSILIE

Petersilie ist eine zweijährige Pflanze, die von Frühsommer bis Winteranfang hübsche und schmackhafte grüne Blätter hat. Es gibt glatte und krause Petersilie. Die letztere wird meist zum Garnieren benutzt. Außerdem ist Petersilie eine Nahrungsquelle für die Raupen des Schwalbenschwanzes.

**PFLANZEN**: Petersilie gedeiht am besten bei kühlem Wetter. Säen Sie an Tag 12 aus, 2 cm tief und im Abstand von 20 bis 22 cm, sodass Sie pro Ballen 10 bis 14 Pflanzen haben. Seien Sie vorsichtig, wenn Sie Setzlinge pflanzen, denn diese Pfahlwurzler sind empfindlich. Petersilie eignet sich sehr gut für die seitliche Bepflanzung der Ballen. Vor dem Aussäen können Sie die Saat eine Nacht lang in warmem Wasser lagern, um den Keimprozess anzuregen, der bis zu drei Wochen dauern kann. Decken Sie die Saat ab, da sie im Dunkeln besser aufgeht. Markieren Sie die Stelle, an der Sie ausgesät haben, mit einem Stäbchen, da Sie sonst über die lange Keimzeit vergessen könnten, wo das war. Um den Nachschub bis zum Winter zu sichern, können Sie sechs bis acht Wochen lang alle zwei Wochen wieder neu aussäen.

**PFLEGE:** Petersilie wächst am besten, wenn sie volle Sonne bekommt, sie kann aber auch Halbschatten vertragen. Sollten Sie zu dicht ausgesät haben, vereinzeln Sie am besten auf 20 cm. Frühjahrs- und Herbstfröste machen der Petersilie nichts aus. Normalerweise hat sie keine Probleme, könnte aber Krautfäule entwickeln. Versuchen Sie reichlich zu pflanzen, sodass auch die hungrigen Raupen des Schwalbenschwanz-Schmetterlings mit satt werden.

**ERNTE:** Die Pflanzen reifen 2 bis 3 Monate nach dem Aussäen. Schneiden Sie eher nach Bedarf Blätter ab, als die ganze Wurzel herauszuziehen.

**SORTEN:** Es gibt einige Sorten *Petroselinum crispum*, die gut im Strohballen-Garten gedeihen. 'Einfache Schnitt' ist eine gute, glattblätterige Sorte, während 'Mooskrause' eine beliebte krause Sorte ist.

**VERZEHR:** Petersilie ist eine köstliche Zutat für Salate und wird zum Würzen von Suppen, Fleisch- und Reisgerichten oder Saucen benutzt. Petersilie erfrischt auch den Atem nach dem Genuss von Knoblauch oder Zwiebeln. Man kann also spekulieren, ob sie als Garnierung oder eher als Vorschlag am Tellerrand liegt.

# PASTINAKE

Pastinaken sind sehr beliebt bei Strohballen-Gärtnern. Dieses köstliche Gemüse ist besonders einfach anzubauen.

**PFLANZEN**: An Tag 12 können die Samen direkt ins Saatbett ausgesät werden. Sie müssen leicht bedeckt sein. Achten Sie auf einen Pflanzabstand von 10 bis 22 cm, sodass Sie 12 bis 24 Pflanzen pro Ballen anbauen können. Markieren Sie Ihre Aussaat, denn diese Samen brauchen viel Zeit zum Aufgehen. Säen Sie öfter neu aus, um den Nachschub zu sichern.

**PFLEGE**: Wässern Sie regelmäßig, und düngen Sie immer wieder etwas. Die Möhrenfliege und ein spezieller Pilz, der Pastinaken befällt, können Probleme bereiten, beides ist aber im Strohballen-Garten eher selten.

**ERNTE**: Nach 14 bis 18 Wochen sind die Pastinaken meist reif. Man erntet sie aber oft erst nach dem ersten Nachtfrost, da sie dadurch süßer werden. Im Strohballen-Garten können sie mit etwas Schutz über den Winter weiter angebaut werden, da sie kaum kälteempfindlich sind.

**SORTEN**: 'Tender and True', 'Gladiator F1', 'Guernsey'. Greifen Sie beim Kauf am besten zu den langlebigen Sorten mit glatter Haut.

**VERZEHR**: Pastinaken kann man zwar roh essen, gekocht schmecken sie aber viel besser. Sie sind beliebt als Geschmacksträger für Suppen und Schmorgerichte, für die sie auch zum Eindicken verwendet werden können, da sie einen hohen Stärkegehalt haben. Sie schmecken köstlich gekocht, gedünstet oder in dünnen Scheiben gebraten.

# ERBSEN

Gartenerbsen sind eigentlich die Samen der grünen Schoten, in denen sie geerntet werden. Zuckerschoten werden im Ganzen verzehrt und müssen geerntet werden, bevor diese Samen reifen. Zuckererbsen haben runde, süße Samen und werden ebenfalls mit der Schote gegessen. Die Ranken der Erbsen können 30 cm bis 2,40 m lang werden. Die kleineren Sorten brauchen keine Rankhilfe. Ihre Blüten sind sehr hübsch, sodass Erbsen auch zur Verzierung angebaut werden.

**PFLANZEN**: Gleich am 12. Tag in ein Saatbett aus Substrat einsäen. Die Erbsen sollten 2,5 cm tief und mit 5 bis 7 cm Abstand zweireihig gepflanzt werden, an beiden Rändern des Strohballens. Stecken Sie 90 cm lange, dünne Stangen zwischen die eingepflanzten Erbsen und neigen Sie diese leicht zum Spalier in der Mitte. Die Ranken klettern das Stöckchen hoch und später wachsen sie am Rankgitter weiter. Alle Rankhilfen sollten installiert sein, sobald man pflanzt. Pflanzen Sie 6 Wochen lang je einige Erbsen nach, damit es später genug Nachschub gibt.

**PFLEGE**: Erbsen brauchen unbedingt Rankhilfen. Sie erleichtern das Ernten und verbessern die Luftzirkulation. Nutzen Sie Ihr bereits installiertes Rankgitter in Verbindung mit ein paar Stöcken oder Schnüren. Erbsen haben grundsätzlich keine speziellen Schädlinge, können aber von Braunfäule, Mehltau, Pilzinfektionen oder Wurzelfäule befallen werden. Es kann auch passieren, dass Vögel Setzlinge ziehen, um an die Erbse zu kommen.

**ERNTE**: Meist sind die Schoten etwa 3 Wochen nach der Blüte der Pflanze erntereif. Schneiden Sie die Schoten mit einer kleinen Schere ab. Gartenerbsen sollten gut gefüllte Schoten haben und leuchtend grün sein. Zuckerschoten kann man ernten, sobald sie die gewünschte Größe erreicht haben. Zuckererbsen erntet man, wenn die Samen anfangen, dicker zu werden, aber bevor sie groß und hart geworden sind. Hier heißt es: Täglich ernten!

**SORTEN**: 'Wunder von Kelvedon', 'Alderman', 'Grandera', 'Evita' (Gartenerbsen); 'Hendriks', 'Delikata' (Zuckerschoten); 'Früher Heinrich', 'Schweizer Riesen' (Zuckererbsen).

**VERZEHR**: Frische ist extrem wichtig bei Erbsen, sie verlieren nämlich sofort an Geschmack. Versuchen Sie unbedingt, sie noch am Erntetag zu essen: als köstliche Erbsensuppe oder als Zutat zum Salat – oder, absolut unschlagbar, einfach mit etwas Butter, Salz und Pfeffer. Man kann Erbsen sehr gut einfrieren.

# PAPRIKA

Die meisten Paprikaschoten fangen grün an und verändern im Laufe des Reifeprozesses ihre Farbe zu Rot oder Orange. Es gibt aber auch gelbe, lilafarbene und sogar braune Sorten. Zusätzlich können Sie die mexikanischen Jalapenos, Serrano- oder Poblano-Paprika anbauen. Paprika mögen es gerne warm, wählen Sie also schnell reifende Sorten. Grundsätzlich gelingt der Anbau von Paprika auf Strohballen recht gut.

**PFLANZEN**: Säen Sie acht bis zehn Wochen vor dem geplanten Pflanztermin im Haus aus, denn diese Pflanzen kann man nicht direkt ins Saatbett säen. Die Setzlinge sollten an Tag 12 im Abstand von 30 bis 45 cm in die Strohballen eingepflanzt werden. Decken Sie die Setzlinge ab, bis keine Gefahr mehr besteht, dass es friert.

**PFLEGE**: Die Pflanzen brauchen durchgehend Feuchtigkeit. Höher wachsende Sorten können etwas Rankhilfe vertragen, Sie sollten also Stöcke anbringen, bevor Sie pflanzen, damit die flachen Wurzeln nicht beschädigt werden, oder Sie ziehen die Pflanzen an Ihrem Rankgitter hoch. Paprika brauchen normalerweise keinen zusätzlichen Stickstoff, dafür aber Magnesium. Schmale, gräulich schimmernde Blätter können ein Anzeichen für Phosphormangel sein. Paprika können vom Tabak-Mosaikvirus, Bakterien, Blütenendfäule, Sonnenbrand, Blattläusen, Erdflöhen und Mottenlarven befallen werden.

**ERNTE**: Pflücken Sie regelmäßig, damit die Pflanze weiter Früchte trägt. Man kann Paprika im grünen Zustand ernten, oder ihnen erlauben, bis zu ihrer nächsten Farbe weiter zu reifen. Scharfe Paprika können grün geerntet werden, werden aber im Laufe ihres Reifeprozesses noch aromatischer und schärfer. Schneiden Sie die Früchte mit einer Schere ab. Wenn Frost angesagt ist, ernten Sie sofort alle restlichen Früchte.

**SORTEN**: 'California Wonder', 'Gypsy', 'Mirasol', 'Baby Bell' (rot reifende Sorten); 'Chocolate Bell' (braun reifende Sorte); 'Golden Bell' (gelb reifende Sorte)

**VERZEHR**: Frische rohe Paprika sind köstlich in Salaten und Gemüsegerichten. Ich mag sie besonders gerne einfach in Olivenöl angebraten mit Zwiebeln und Pilzen. Gefüllte Paprika sind auch fantastisch – es gibt eine ganze Reihe verschiedener Gemüse- oder Fleischfüllungen. Scharfe Paprika und Chilis kann man prima einlegen, oder auch frisch verzehren. Seien Sie aber vorsichtig beim Anfassen der Samen. Wenn Sie danach aus Versehen in Augen oder Mund fassen, könnte es sein, dass Sie in die Notaufnahme müssen. Rohe grüne Paprika sind einer unserer liebsten Picknick-Bestandteile.

# KARTOFFELN

Kartoffeln brauchen ziemlich viel Platz, sodass 3 Pflanzen pro Strohballen das höchste der Gefühle sind. An diesem Gemüse werden Sie am ehesten feststellen, welche Arbeitserleichterung die Strohballen-Gärten sind. Der Geschmack selbst angebauter Kartoffeln ist einfach unvergleichlich, und da es so viel einfacher ist, sie auf Strohballen zu züchten, sollten Sie es unbedingt versuchen. Die passende Sorte sollten Sie nach dem Erntezeitpunkt auswählen, und danach, ob Sie die Kartoffeln gleich verzehren oder lieber einlagern wollen. Frühkartoffeln können etwa 65 Tage nach dem Pflanzen geerntet werden, etwas später reifende nach ca. 80 Tagen, und die spät reifenden Sorten nach 90 Tagen oder mehr. Frühkartoffeln sollte man am besten bald nach der Ernte essen, während die später reifenden Sorten sehr gut zum Einlagern geeignet sind. Fingerling-Kartoffeln sind kleiner und reifen meist in der Hoch- oder Spätsaison.

**PFLANZEN:** Kartoffeln zieht man nicht aus Samen oder Setzlingen, sondern aus kleinen Saatkartoffeln oder Kartoffelstückchen. Kaufen Sie krankheitsfreie Saatkartoffeln mit Zertifikat im Gartencenter oder in der Gärtnerei. An Tag 12 können Sie die Saatkartoffeln 25 bis 30 cm tief in die Strohballen stecken; mehr als 3 sollten es pro Ballen keinesfalls sein. Die Pflanzen bilden sich im Inneren der Strohballen und wachsen dann entweder am Rankgitter oder in den Zwischenräumen zwischen den Ballen.

**PFLEGE:** Kartoffeln gedeihen am besten, wenn es etwas kühler ist. Ihr Hauptschädling ist der Kartoffelkäfer. Sie können aber auch von Pilzen, dem Mosaikvirus, Erdflöhen, Blattläusen, Gurkenkäfern, Mottenlarven, Japankäfern, Zwergzikaden und Drahtwürmern befallen werden. Mit Abdeckplanen kann man viele dieser Schädlinge abwehren, und in den Strohballen kommen die meisten sowieso kaum vor.

**ERNTE:** Die frühen Sorten können Sie ernten, wenn die Kartoffeln noch ganz klein sind, schon sieben bis neun Wochen nach dem Anpflanzen. Die Haupternte beginnt, wenn die Pflanzen anfangen, abzusterben – auf jeden Fall aber vor dem ersten richtigen Frost. Ziehen Sie einfach die Strohballen auseinander und nehmen Sie Ihre Kartoffeln heraus. Sie sind ziemlich sauber, wenn sie aus den Strohballen kommen, und das ist schön. Achten Sie darauf, die zarten Schalen nicht zu beschädigen. Meist ist es am besten, gleich die ganze Pflanze abzuernten, Sie können aber auch von jeder Pflanze nur ein paar Kartoffeln abpflücken, wenn Sie wollen. Kartoffeln, die eingelagert werden sollen, müssen erst haltbar gemacht werden, indem sie zwei Wochen an einem dunklen, kühlen Ort ausgelegt werden.

**SORTEN:** 'Linda', 'Agria', 'Sieglinde', 'Marabel', 'Bintje'

**VERZEHR:** Kartoffeln sind roh ungenießbar. Jede andere Zubereitungsform – kochen, backen, braten, frittieren, dämpfen, grillen oder 30 Minuten in Alufolie eingepackt ins Lagerfeuer werfen - ist jedoch erlaubt. Kartoffeln sind in vielen Kulturen ein Hauptnahrungsmittel und machen jeden Tag viele Menschen satt. Die Kartoffel ist die beliebteste Gemüsesorte überhaupt.

# RADIESCHEN

Dieses Frühgemüse ist sehr einfach anzubauen. Es gibt mehrere Sorten und Farben, von denen die bekannteste das runde, rote Frühlingsradieschen ist. Die Setzlinge wachsen sehr schnell und sind oft schon in einem Monat oder schneller verzehrbereit. Die anderen Rettichsorten sind größer und schließen die asiatischen Rettiche (Daikon, Japanischer und Chinesischer Rettich und Winterrettich) mit ein. Sie brauchen 2 Monate oder länger, um zur vollen Größe heranzureifen.

**PFLANZEN:** An Tag 12 können Sie die Samen 1,25 cm tief und im Abstand von etwa 5 cm aussäen. Pro Strohballen können 60 Radieschen oder mehr wachsen. Säen Sie jede Woche weiter aus, bis die Temperaturen konstant über 18°C liegen. Weil die Radieschen so schnell reifen, kann man sie sehr gut mit anderen, langsamer wachsenden Pflanzen kombinieren. Im Spätsommer kann man dann noch einmal aussäen, um im Herbst ein letztes Mal zu ernten. Später reifende Rettichsorten sollten im Frühjahr oder Sommer ausgesät werden, je nach Sorte. Wenn sie über Winter eingelagert werden sollen, sind sie spätestens beim ersten Frost reif. Für Kinder, die noch keine lange Aufmerksamkeitsspanne haben, sind Radieschen aufgrund ihres schnellen Reifeprozesses ideal. Manchen Kindern schmecken die Radieschen roh, andere verabscheuen sie – aber sie erinnern sich daran, selbst etwas angebaut zu haben, von der Aussaat bis zur Ernte und (eventuell) zum Verzehr.

**PFLEGE:** Vereinzeln Sie die Setzlinge auf 5 bis 10 cm, sonst werden sie nicht so schön rund. Sorgen Sie für regelmäßige Bewässerung, denn Pflanzen mit Trockenstress werden bitter und hart. Für diese schnelle Gemüsesorte brauchen Sie keinen zusätzlichen Dünger. Radieschen bekommen kaum Krankheiten außer manchmal Kohlhernie, und werden hin und wieder von den Maden der Kohlwurzelfliege oder Flohkäfern befallen.

**ERNTE:** Sie können die Frühlingsradieschen herausziehen, sobald sie groß genug geworden sind: sie werden nicht besser davon, wenn sie größer werden. Winterrettiche kann man ebenfalls nach ihrer Größe ernten. Erfahrungsgemäß verbessert sich aber ihr Geschmack nach ein bis zwei Nachtfrösten.

**SORTEN:** 'Cherry Belle', 'Halbrot-Halbweiß', 'Eiszapfen', 'Rudi', 'French Breakfast' (Radieschen); 'Rex', 'Halblanger weißer Sommer' (Rettich)

**VERZEHR:** Frisch und roh auf Brot und im Salat, oder in Butter gedünstet.

# STECKRÜBEN

Steckrüben werden gerne in Strohballen angebaut und gedeihen dort auch ganz wunderbar. Da sie zu den Kohlgewächsen gehören, werden sie auch von den gleichen Schädlingen heimgesucht. Sie sind rund und werden 15 bis 20 cm im Durchmesser. In Schottland sind sie als „neeps" bekannt, und eine wichtige Beilage zum traditionellen Haggis, der Lieblingsspeise des berühmten schottischen Dichters Robert Burns, der zufälligerweise der Autor meines Lieblingsgedichtes „Ode an eine Maus" ist.

**PFLANZEN:** Säen Sie an Tag 12 im Abstand von 20 bis 25 cm direkt ins Saatbett, knapp 2 cm unter die Oberfläche, und dann immer weiter, um den Nachschub zu sichern. Pro Strohballen können Sie 10 bis 14 Rüben anpflanzen.

**PFLEGE:** Gießen Sie regelmäßig. Da die Steckrüben zu den Kohlgewächsen zählen, leiden sie unter ähnlichen Krankheiten und Schädlingen.

**ERNTE:** Ziehen Sie die Rüben heraus, wenn sie reif, aber noch nicht holzig sind. Man kann sie sehr gut in Sand einlagern.

**SORTEN:** 'Wilhelmsburger', 'Hoffmanns Gelbe'

**VERZEHR:** In der skandinavischen Küche kommen Steckrüben ausgesprochen häufig vor, denn sie sind ein Hauptbestandteil vieler Suppen und Eintöpfe. Man isst sie aber auch roh in dünne Scheiben geschnitten. Steckrüben kann man im Ofen backen oder kochen, und häufig werden sie mit Möhren oder Kartoffeln als Püree serviert. Wohlschmeckend, ohne aufdringlich zu sein, sind die Steckrüben ein verlässliches Arbeitstier unter den Gemüsesorten.

# SALBEI

Diese winterharte Pflanze hat vom Frühsommer bis zum Winter wohlschmeckende, grau-grüne Blätter. Das weich behaarte Laub dieses Krautes sieht das ganze Jahr über gut aus. Die Sorte, die wir als Küchenkraut kennen, heißt „Salvia officinalis", Es gibt viele weitere Arten, in deren Namen auch Salbei vorkommt, die aber nicht zum Verzehr geeignet sind. Ananas-Salbei ist eine zarte, winterharte Sorte, deren Blätter ein leichtes Ananas-Aroma haben und zum Kochen verwendet werden können.

**PFLANZEN**: Pflanzen Sie an Tag 12 Setzlinge direkt in die Strohballen. Die Abdeckung sollten Sie erst dann entfernen, wenn es bestimmt nicht mehr friert.

**PFLEGE:** Salbei gedeiht hervorragend auf Strohballen. Die Pflanzen können auch Teilschatten aushalten. In kühleren Gegenden, wo der Salbei nicht überwintern würde, kann man die Pflanzen an einer Südwand züchten, oder im Spätsommer Ableger nehmen und diese im Haus über den Winter retten. 30 bis 60 cm Pflanzabstand braucht der Salbei, Sie sollten also pro Ballen nicht mehr als 3 bis 6 Pflanzen anbauen. Sorgen Sie im Winter für Kälteschutz und pflanzen Sie das überwinterte Kraut im Frühjahr in einen frischen Ballen um. Im Frühjahr können Sie die Pflanzen um ein Drittel zurückschneiden, damit sie schön buschig nachwachsen. Obwohl Salbei mehrjährig ist, sollten die holzig gewordenen Pflanzen alle 3 bis 4 Jahre ersetzt werden. Salbei hat keine Schädlinge, ist aber anfällig für Wurzelfäule.

**ERNTE:** Pflücken Sie Blätter nach Bedarf - bis zum Herbst. Danach braucht die Pflanze ihre Kräfte, um über den Winter zu kommen. Man kann die Blätter gut in einer einzelnen Schicht an einem trockenen Ort ohne Sonnenlicht trocknen und aufbewahren.

**SORTEN:** Es gibt einige Sorten, die besonders schöne Blätter haben, wie 'Goldsalbei', 'Creme de la Creme', und 'Purpursalbei', diese sind aber kälteempfindlicher.

**VERZEHR:** Salbeiblätter werden wegen ihres intensiven Aromas häufig zum Würzen von Füllungen, Fleischgerichten oder Saucen verwendet.

## SPINAT

Dieses grüne Frühgemüse gibt es mit glatten oder gekräuselten Blättern. Die glatten Blätter sind dünn und zart und werden meist als Salat gegessen. Die gekräuselten sind kräftiger und eignen sich besser zum Kochen.

**PFLANZEN**: Säen Sie an Tag 12 knapp 2 cm tief direkt ins Saatbett aus. Der Pflanzabstand sollte 7 bis 15 cm betragen. Sie können 16 bis 30 Spinatpflanzen pro Strohballen anbauen. Wenn Sie alle 2 Wochen nachsäen, haben Sie das ganze Frühjahr über Nachschub. Im Spätsommer kann man dann noch einmal aussäen, um auch im Herbst ernten zu können.

**PFLEGE**: Vereinzeln Sie die Setzlinge auf 15 cm Abstand. Den Beschnitt können Sie schon für Salat verwenden. Man muss den Pflanzen genug Raum geben, da sie sonst schossen (verfrüht in Blüte gehen). Gewöhnlich müssen Sie Spinatpflanzen nicht zusätzlich düngen. Dieses schnell reifende Gemüse eignet sich gut für mehrmaliges Anpflanzen. Die Pflanzen schossen, wenn die Tage länger werden als 12 Stunden, und wenn sie extrem hohen oder extrem niedrigen Temperaturen ausgesetzt sind. Spinat hat keine Schädlinge. Er kann aber Braunfäule oder Mehltau bekommen und manchmal gibt es auch Pilzbefall. Außerdem können die Pflanzen von Blattläusen, Flohkäfern, Kleinzikaden und Minierern befallen werden. Hier kann Ihnen die Abdeckplane sehr gute Dienste leisten.

**ERNTE**: Früher Spinat wird normalerweise geerntet, indem man die ganze Pflanze herauszieht, bevor sie schosst, aber man kann auch von außen nach innen einzelne Blättchen abschneiden. Im Herbst können Sie auf beide Arten ernten.

**SORTEN**: 'Emilia F1', 'Monza F1' und 'Toscane F1' sind neuere Züchtungen, die erst spät schossen.

**VERZEHR**: Die zarten Spinatblätter schmecken fantastisch im Salat oder unter Rührei gehoben. Blattspinat ist ein vielseitiges und nahrhaftes Gemüse. Probieren Sie auch einmal frisch gepressten Spinatsaft aus!

# KÜRBISSE

Sommerkürbisse werden früh geerntet, bevor sie ganz reif sind und wenn ihre Schale noch weich ist. Sie wachsen normalerweise an buschigen Pflanzen, die viele Früchte tragen. Winterkürbisse und Riesenkürbisse lässt man an ihren Ranken, bis sie ausgereift, dick und hartschalig geworden sind. Gewöhnlich wachsen sie an langen Ranken, die pro Pflanze nur einige wenige Früchte tragen.

**PFLANZEN**: An Tag 12 können die Setzlinge direkt in den Strohballen gepflanzt werden, und zwar höchstens zwei pro Ballen, ergänzend zu weiteren Gemüsesorten. Falls es noch einmal Frost geben könnte, sollten Sie die PE-Folie noch nicht wegräumen. Kürbisse lieben es warm, und Nachtfrost bekommt ihnen ganz und gar nicht.

**PFLEGE**: Kürbispflanzen brauchen sehr viel Platz. Ein angemessener Pflanzabstand hilft auch, Krankheitsrisiken zu reduzieren. Man kann die kleinen Kürbissorten auch am Rankgitter hoch ziehen, aber die mit den großen Früchten müssen zur Hälfte auf das Rankgitter und halb auf den Boden. Pflücken Sie die Blüten am Rankgitter ab und erlauben Sie nur denen auf dem Boden, zu Früchten zu werden. Kürbisse brauchen viel Dünger, geben Sie also einen niedrig dosierten Stickstoffdünger von oben auf die Pflanzen. Ebenso wichtig ist es, regelmäßig und reichlich zu gießen. Mögliche Probleme bei Kürbissen sind: Blattläuse, Gurkenkäfer, Kleinzikaden, sowie Anthraknose, Bakterienbefall, Mehltau, Mosaikvirus und Pilzbefall.

**ERNTE**: Beginnen Sie mit der Ernte der Sommerkürbisse, sobald sie groß genug sind. Die Wintersorten sollten ihre endgültige Färbung erreicht haben und ihre Schale sollte so hart sein, dass man sie mit einem Daumennagel nicht mehr einritzen kann. Ernten Sie alle Früchte vor dem ersten Frost.

**SORTEN**: 'Gold Rush', 'Burpee Hybrid', 'Sunburst' (Sommer); 'Ambercup', 'Table Ace', 'Sweet Mama', 'Buttercup', 'Blue Hubbard', 'Blue Ballet', 'Cream of the Crop' (Winter); 'Howden', 'Lumina', 'Connecticut Field', 'Big Max', 'Ghost Rider', 'Triple Treat' (Riesenkürbis)

**VERZEHR**: Kürbis einfach geschält, in Würfel geschnitten und gebraten oder geröstet und mit Butter, Salz und Pfeffer gewürzt ist eine einfache, aber köstliche Delikatesse. Riesenkürbisse kann man, abgesehen von ihrem dekorativen Nutzen zu Halloween, auch essen, zum Beispiel als Pumpkin Pie.

# ERDBEEREN

Erdbeeren sind in den meisten Klimazonen winterhart. Sie breiten sich sehr rasch aus und beginnen auch fast sofort, Früchte zu tragen, wenn man sie frühzeitig in einen Strohballen umpflanzt. Sie schicken Triebe nach allen Seiten und können entweder als reine Wurzel oder als kleine Pflänzchen eingesetzt werden. Die Sorten unterscheiden sich in Bezug auf Farbe, Form, Geschmack und Reifezeitpunkt. Wenn man sie früh in den warmen Strohballen anbaut, schlagen sie schnell Wurzeln und fangen schon im Juni an, Früchte zu tragen. Man kann die Pflanzen über Winter in den abgeernteten Strohballen lassen und dann im nächsten Frühjahr in frisch präparierte Ballen umsetzen. Es hilft den Erdbeeren beim Anwachsen, wenn man die PE-Abdeckung geschlossen hält.

**PFLANZEN**: Erdbeeren sind mit die ersten im frisch angebauten Strohballen-Garten. Man kann sie sofort ausplanzen, wenn die Strohballen fertig präpariert sind. Die meisten Sorten setzt man im Abstand von 30 bis 45 cm, sodass pro Ballen 8 bis 10 Pflanzen wachsen. Die gesamte Oberfläche und die Seiten können innerhalb weniger Wochen zuwuchern.

**PFLEGE**: Regelmäßiges Düngen mit einem NPK-Dünger ist empfehlenswert. Die über 200 bekanntesten Erdbeer-Sorten werden von einigen Schädlingen und Krankheiten befallen. Die meisten gängigen Probleme treten aber in der Strohballen-Gärtnerei sehr viel seltener auf. Volle Sonne und gute Luftzirkulation sind wichtig, damit die Blätter trocken bleiben und sich keine Pilze und Schimmel bilden können. Achten Sie auf Schnecken und andere Schädlinge.

**ERNTE**: Pflücken Sie alle Beeren, sobald sie reif sind. Die Saison kann je nach Sorte von Frühling bis Herbst dauern. Die Früchte bekommen eine gleichmäßige rote Farbe und ziehen Schädlinge an, wenn man sie überreif werden lässt. Tägliche Ernte ist in der Hochsaison ein Muss.

**SORTEN**: 'Lambada', 'Honeoye', 'Symphony', 'Salsa'

**VERZEHR**: Essen Sie die Erdbeeren am besten sofort, als Obst, in Salaten oder in Desserts. In vielen Kulturen beliebt, sind sie auch sehr gesund wegen ihres hohen Vitamin-C-Gehalts und der Flavonoide, die sie enthalten. Erdbeeren werden häufig als Geschmacksgeber für Milchprodukte benutzt. Man kann sie gut einfrieren, einkochen und sogar trocknen.

# THYMIAN

Es gibt relativ viele Thymian-Sorten auf dem Markt. Die meisten Köche bevorzugen ganz normalen Thymian *Thymus vulgaris*, eine strauchartige Pflanze, die 30 bis 45 cm hoch wird. Das winterharte Kraut hat von Frühsommer bis Herbst wohlschmeckende kleine Blättchen, die auch hübsch aussehen. Im späten Frühjahr erscheinen kleine rosa Blüten. Diese Pflanzen sind auch als Dekoration sehr beliebt.

**PFLANZEN**: Thymian kann man an Tag 12 direkt in die Strohballen pflanzen. Leichter Frost macht ihm nichts aus. Da es schwierig ist, dieses Kraut auszusäen, empfehle ich Ihnen, kleine Pflänzchen zu verwenden. Thymian gedeiht sehr gut auf Strohballen. In kälteren Gegenden, wo Gartenthymian nicht immer problemlos über den Winter kommt, können die Pflanzen an einer Südwand oder als Ableger im Haus überwintern. Je nach Sorte können Sie pro Strohballen 8 bis 14 Thymianpflanzen im Abstand von 15 bis 25 cm anbauen.

**PFLEGE:** Wenn Sie die Pflänzchen nach der Blüte zurückschneiden, wachsen sie buschiger nach. Decken Sie die Pflanzen über Winter zu; im Frühjahr können sie dann in einen frischen Strohballen umziehen. Thymian hat keine Schädlinge.

**ERNTE:** Schneiden Sie großzügig nach Bedarf Blättchen ab. Diese Pflanzen profitieren von einem regelmäßigen Beschnitt. Nach der Ernte hängen Sie die Thymianzweige kopfüber an einem trockenen Ort ohne Sonnenlicht auf. Dann streifen Sie die trockenen Blättchen und Blüten ab und lagern sie kühl, trocken und dunkel.

**SORTEN:** 'Argenteus' hat weißrandige Blättchen. 'Orange Balsam' duftet nach Orange. 'Deutscher Winter' ist eine robuste, winterharte Sorte.

**VERZEHR:** Ob frisch oder getrocknet: Thymian ist eines der beliebtesten Kräuter bei Küchenchefs und Hobbyköchen. Man kann Suppen und Schmorgerichte damit würzen, er schmeckt auch köstlich zu gegrilltem Gemüse oder Fleisch. Wenn im Rezept ein Teelöffel verlangt wird, können Sie die Blättchen entweder lose in das Gericht geben oder am Stiel lassen. Man kann auch die Stiele zu einem Büschel zusammenbinden, und dieses komplett herausholen, wenn es sein Aroma abgegeben hat.

# TOMATEN

Sie sollten aus der riesigen Auswahl an Sorten eine oder mehrere auswählen, die Ihnen schmecken und gut zu Ihrem Bedarf und dem vorhandenen Platz im Garten passen. Außerdem muss man die Saisonlänge und mögliche Krankheiten mit bedenken. Die meisten Gärtner haben mehrere Sorten, die alle gut auf Strohballen gedeihen.

**PFLANZEN**: Pflanzen Sie nur abgehärtete Setzlinge nach draußen, und zwar erst dann, wenn es sicher nicht mehr friert. Säen Sie entweder 6 bis 8 Wochen vor Ihrem geplanten Pflanztermin drinnen aus, oder kaufen Sie Pflänzchen. Der Abstand sollte 90 cm betragen, sodass Sie 1 bis 2 Tomatenpflanzen (kleinere Sorten, nicht die großen, rankenden Züchtungen) pro Ballen unterbringen.

**PFLEGE:** Die Pflanzen brauchen die ganze Saison über gleichmäßige Wasserversorgung. Wenn man nur unregelmäßig oder zu wenig gießt, sind unförmige, rissige Tomaten das Ergebnis. Tomaten benötigen außerdem reichlich Dünger, nur beim Stickstoff sollten Sie nicht zu viel geben, sonst bekommen Sie zwar viele Ranken, aber wenige Tomaten. Alle Sorten profitieren von Kletterstangen oder Gittern. Tomaten sind relativ anfällig für verschiedene Krankheiten, unter anderem bakterielle Infektionen, Pilzbefall, und das Tabak-Mosaikvirus. Bauen Sie resistente Sorten an, wenn Sie welche bekommen können, und versuchen Sie ihnen das optimale Umfeld zu geben. Schädlinge der Tomaten sind: Blattläuse, Kartoffelkäfer, Mottenlarven, Flohkäfer, Milben, Schnecken und weiße Fliegen.

**ERNTE:** Tomaten erntet man, wenn sie eine gleichmäßige Farbe haben und gerade noch fest oder schon ein bisschen weich sind. Grün geerntete Tomaten reifen zwar nach, haben aber viel weniger Aroma.

**SORTEN:** 'Tumbler', 'Oregon Spring' (kleinere Früchte); 'Better Boy', 'Quick Pick', 'Celebrity', 'Lemon Boy', 'Brandywine' (mittelgroße Früchte); 'Sweet Million' (Kirschtomaten)

**VERZEHR:** Frische Tomaten schmecken am besten, wenn man sie sofort aufschneidet und nach Geschmack mit Basilikum, Olivenöl und Balsamico-Essig, Salz und Pfeffer, etwas Mozzarella oder Hüttenkäse genießt. Gegen Ende des Winters sind viele Menschen soweit, dass sie ein Vermögen für eine schöne, frische Tomate aus dem Garten geben würden. Man kann Tomaten gut einfrieren. Wenn ein Rezept Dosentomaten vorsieht, können Sie stattdessen die frischen, gefrorenen verwenden.

# PHYSALIS

Diese auch als Tomatillos bekannten, mexikanischen Früchte sehen aus wie kleine, grüne Tomaten in einer Hülle aus Reispapier. Die Hülle ist anfangs grün, dann lila und schließlich braun, bis sie schließlich beim Reifen platzt.

**PFLANZEN**: Säen Sie 3 bis 4 Wochen vor dem Pflanztermin drinnen aus, oder benutzen Sie Setzlinge, die an Tag 12 ins Saatbett umziehen können. Lassen Sie die PE-Plane auf jeden Fall geschlossen, bis Sie sicher sind, dass es keinen Frost mehr geben wird. Sie sollten einen Pflanzabstand von 60 cm einhalten und nicht mehr als 3 Pflanzen pro Ballen anbauen. Eine Pflanze allein ist aber zu wenig, da Physalis zum Bestäuben mindestens zu zweit sein müssen.

**PFLEGE:** Physalis werden bis zu 60 cm hoch, sodass sie entweder ein Rankgitter oder einen Rankstab brauchen. Regelmäßige Wasserzufuhr ist auch sehr wichtig. Diese Pflanzen haben keine ernsthaften Krankheiten und werden nicht von Insekten befallen. Ein langer, heißer Sommer ist für Physalis ideal.

**ERNTE:** Manche Sorten werden grün oder gelb, wenn sie reif sind, andere lila oder rot, wenn die reispapierartige Hülle sich öffnet und vertrocknet.

**SORTEN:** 'Toma Verde', 'Verde Peubla', 'Purple Di Milpa'

**VERZEHR:** Die Früchte haben einen süß-sauren Geschmack mit der typischen, leichten Schärfe, der zu mexikanischer Salsa und anderen lateinamerikanischen Gerichten gehört. Die lilafarbenen und roten Sorten sind etwas süßer und können für Marmeladen und Gelees verwendet werden. Man kann sie in Scheibchen geschnitten auch zum Salat geben, aufs Brot legen und natürlich roh essen.

# ZUCCHINI

Zucchini sind, was die Geschwindigkeit ihrer Vermehrung betrifft, die Kaninchen unter den Gemüsesorten. Tatsächlich gehören sie zu den Sommerkürbissen. Sie wachsen sehr schnell und schmecken am besten, wenn sie jung und zart sind. Pflanzen Sie nicht zu viele an. Sie können vom kleinen zierlichen Kügelchen innerhalb von 1 bis 2 Tagen zu ihrer vollen Größe heran reifen, und müssen auf jeden Fall täglich geerntet werden.

**PFLANZEN**: Sie können ab Tag 12 wiederholt aussäen, aber nicht zu oft, sonst haben Sie mehr, als Sie jemals verbrauchen können, wenn Ihre Ranken alle anfangen, Früchte zu tragen. Die Samen werden im Abstand von 45 bis 50 cm knapp 2 cm tief eingepflanzt.

**PFLEGE:** Regelmäßig gießen und ab und zu düngen. Zucchini haben selten Schädlinge, werden aber manchmal vom Gurken-Mosaikvirus befallen.

**ERNTE:** Sie sollten mit der Ernte anfangen, wenn die Früchte etwa fingerlang sind. Ab jetzt müssen Sie täglich ernten, sonst landen Ihre Zucchini auf dem Kompost.

**SORTEN:** 'Taxi', 'Nano Verde di Milano', 'Gold Rush', 'Bambino'

**VERZEHR:** Gegrillt oder in Olivenöl gebraten, mit Salz und Pfeffer kommen der feine Geschmack und die besondere Konsistenz am besten zu Geltung.

# Hilfsmittel

## STROHBALLEN-GARTEN
Autor: Joel Karsten
www.strawbalegardens.com
auf Facebook:
Learn to Grow a Straw Bale Garden

Seite 22
**Strohballen: wo man sie bekommt.**
www.heu-und-stroh-boerse.de

Seite 50
**Substrat**
Miracle-Gro Substrat-Mix
The Scotts-Miracle-Gro Company
www.scotts.com

Seite 56
**Vogelabwehr**
*Irri-Tape* Vogelabwehr-Reflexstreifen
Bird-X, www.bird-x.com

Seite 94
**Wassersprenger mit Bewegungsmelder gegen Wildtiere**
ScareCrow, Contech Enterprises
www.contech-inc.com

Seite 112
**Kompost-Behälter bauen**
Video Straw Bale Gardening
Autor (Joel Karsten)
www.strawbalegardens.com

**Viele weitere Informationen unter**
**www.strohballengarten.de**

# Umrechnung

## METRISCHE ENTSPRECHUNG

| Inch (in.) | 1/64 | 1/32 | 1/25 | 1/16 | 1/8 | 1/4 | 3/8 | 2/5 | 1/2 | 5/8 | 3/4 | 7/8 | 1 | 2 | 3 | 4 | 5 | 6 | 7 | 8 | 9 | 10 | 11 | 12 | 36 | 39.4 |
|---|---|---|---|---|---|---|---|---|---|---|---|---|---|---|---|---|---|---|---|---|---|---|---|---|---|---|
| Feet (ft.) | | | | | | | | | | | | | | | | | | | | | | | | 1 | 3 | 3 1/12 |
| Yards (yd.) | | | | | | | | | | | | | | | | | | | | | | | | | 1 | 1 1/12 |
| Millimeter (mm) | 0.40 | 0.79 | 1 | 1.59 | 3.18 | 6.35 | 9.53 | 10 | 12.7 | 15.9 | 19.1 | 22.2 | 25.4 | 50.8 | 76.2 | 101.6 | 127 | 152 | 178 | 203 | 229 | 254 | 279 | 305 | 914 | 1,000 |
| Zentimeter (cm) | | | | | | | 0.95 | 1 | 1.27 | 1.59 | 1.91 | 2.22 | 2.54 | 5.08 | 7.62 | 10.16 | 12.7 | 15.2 | 17.8 | 20.3 | 22.9 | 25.4 | 27.9 | 30.5 | 91.4 | 100 |
| Meter (m) | | | | | | | | | | | | | | | | | | | | | | | | .30 | .91 | 1.00 |

## MASSEINHEITEN UMRECHNEN

| VON: | IN: | FAKTOR: |
|---|---|---|
| Inches | Millimeter | 25.4 |
| Inches | Zentimeter | 2.54 |
| Feet | Meter | 0.305 |
| Yards | Meter | 0.914 |
| Miles | Kilometer | 1.609 |
| Square inches | Quadratzentimeter | 6.45 |
| Square feet | Quadratmeter | 0.093 |
| Square yards | Quadratmeter | 0.836 |
| Cubic inches | Kubikzentimeter | 16.4 |
| Cubic feet | Kubikmeter | 0.0283 |
| Cubic yards | Kubikmeter | 0.765 |
| Pints (U.S.) | Liter | 0.473 (Imp. 0.568) |
| Quarts (U.S.) | Liter | 0.946 (Imp. 1.136) |
| Gallons (U.S.) | Liter | 3.785 (Imp. 4.546) |
| Ounces | Gramm | 28.4 |
| Pounds | Kilogramm | 0.454 |
| Tons | Tonnen | 0.907 |

| VON: | IN: | FAKTOR: |
|---|---|---|
| Millimeter | Inches | 0.039 |
| Zentimeter | Inches | 0.394 |
| Meter | Feet | 3.28 |
| Meter | Yards | 1.09 |
| Kilometer | Miles | 0.621 |
| Quadratzentimeter | Square inches | 0.155 |
| Quadratmeter | Square feet | 10.8 |
| Quadratmeter | Square yards | 1.2 |
| Kubikzentimeter | Cubic inches | 0.061 |
| Kubikmeter | Cubic feet | 35.3 |
| Kubikmeter | Cubic yards | 1.31 |
| Liter | Pints (U.S.) | 2.114 (Imp. 1.76) |
| Liter | Quarts (U.S.) | 1.057 (Imp. 0.88) |
| Liter | Gallons (U.S.) | 0.264 (Imp. 0.22) |
| Gramm | Ounces | 0.035 |
| Kilogramm | Pounds | 2.2 |
| Tonnen | Tons | 1.1 |

## TEMPERATUREN UMRECHNEN

Um Fahrenheit (F) in Celsius (C) umzurechnen, muss man nur diese simple
Formel anwenden: 32 von der Temperatur in Grad Fahrenheit abziehen.
Dann diese Zahl mit 5/9 multiplizieren.
Zum Beispiel: 77°F – 32 = 45. 45 x 5/9 = 25°C.

Um Grad Celsius in Fahrenheit umzuwandeln, multiplizieren Sie die
Temperatur in Celsius mal 9/5, und addieren 32 dazu.
Zum Beispiel: 25°C x 9/5 = 45. 45 + 32 = 77°F.

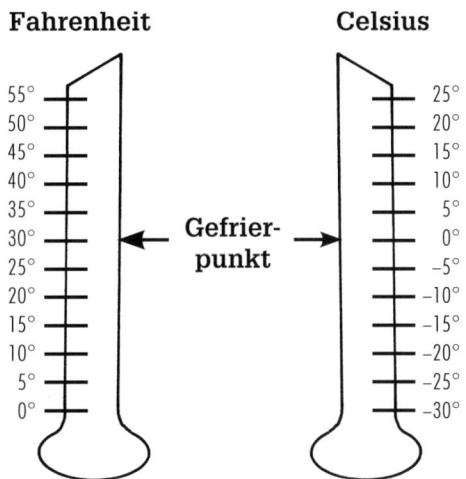

Fahrenheit     Celsius

← Gefrier-punkt →

# *Index*

Viele weitere Informationen unter

# www.strohballengarten.de